살아있는 동안
꼭 읽어야 할 유머
72가지

Handy Book

살아있는 동안
꼭 읽어야 할 유머

72가지

초판3쇄 인쇄 2016년 03월 10일
초판3쇄 발행 2016년 03월 10일

엮은이 | 한국유머아카데미
펴낸이 | 박영만
펴낸곳 | 프리윌 출판사
　　　　등록번호: 제2005-31호　　등록년월일: 2005년 05월 06일
주소 | 경기도 고양시 일산서구 한뉴월드로 407 킨텍스계2전시장 오피스동 1402-D호
전화 | 031-813-8303, 팩스 031-922-8303, 휴대폰 011-734-8303
E-mail | yangpo6@hanmail.net

디자인 | 김왕기

ⓒ 프리윌출판사, 2005
ISBN 978-89-93379-18-1　　03810

* 이 판디북은 《살아있는 동안 꼭 읽어야 할 유머 72가지》의 개정판 입니다.

살아있는 동안 꼭 읽어야 할 유머 72가지

Handy Book

프리윌

들어가는 말

유머는 살아있는 생명체와 같다. 그것은 번식하기도 하고, 성장하기도 하고, 진화하기도 하고, 퇴화하기도 하고, 소멸하기도 한다. 이 책의 유머들은 여러 인터넷 사이트와 각종 매체에서 번식, 성장, 진화한 것들 중 이 시대의 정서와 특성에 맞는 것들을 선별하여 더욱 고등화(高等化)시킨 것들이다.

유머는 말 그대로 유머이기 때문에 그냥 가볍게 웃어넘길 수도 있다. 그러나 그것을 두루 사용하고 전파할 때, 그 가치는 더욱 증대된다. 남을 웃게 하는 일은 일종의 선행(善行)이다. 그래서 누군가에게 유머 한 토막을 들려주어 그를 즐겁게 했다면, 우리는 선행 한 가지를 한 셈이 된다.

우리는 누구나 다 재치 있고 유머러스한 사람이 되기를 희망한다. 그리고 자기가 어떤 유머를 구사했을 때 상대방이 배꼽 빠지도록 웃어재끼며 즐거워하기를 바란다.

그런데 그렇게 하기 위해서는 다양한 형태의 방법과 요령을 습득하지 않으면 안된다. 그래서 한국유머아카데미는 여기에 보다 효과적인 유머구사법 12가지를 소개하고자 한다.

1. 유머는 되도록 짧게 하라. 짧을수록 효과가 있다.
2. 우스운 부분은 제일 마지막에 하라. 중간에 하면 나머지 부분은 재미가 없어진다.
3. 유머를 구사한 다음 상대방이 웃을 때, 자기는 웃지 말고 시치미를 떼라. 그래야 더욱 우스워진다.
4. 재미있다고 그것을 되풀이하지 말라. 한번 웃고 나면 유머 효과는 급격히 떨어진다.
5. 말투에 리듬을 주거나 몸동작 손동작을 크게 하라. 말하는 사람의 동작이 풍성할수록 유머의 효과는 더욱 커진다.
6. 남을 그대로 따라하지 말고 자신의 말로 하라. 내용을 완전히 숙지하고 나면, 자기 맘대로 부풀리거나 생략할 수 있다.
7. 듣는 사람의 반응을 살펴 반응이 없는 것은 즉각 버리고,

반응이 좋은 것은 더욱 활성화 시켜라. 그래야 시너지효과를 낼 수 있다.
8. 인용하는 유머와 관련된 구체적인 이름이나 장소, 때를 끌어들여라. 그러면 더욱 현실감을 줄 수 있다.
9. 대상에 맞는 유머를 하라. 듣는 사람의 직업이나 신분과 관련된 것이면 더욱 좋다.
10. 유머를 구사하고 난 다음에는 어떤 형태로든 자신이 말하고자 하는 주제와 연결시켜라. 반드시 유사성이 있을 필요는 없다.
11. 듣는 사람이 썰렁해 하더라도 너무 실망하지 마라. 상대방은 이미 다 알아들었다. 알아듣지 못했더라도 부연설명하지 말고 그냥 지나가라.
12. 듣는 사람이 상처받을만한 유머는 하지 말라. 너무 저속하거나 엽기적인 유머는 상대방에게 혐오감을 줄 수 있으므로 삼가라.

유머는 무엇에 대한 갈망과 욕망, 즉 리비도(libido)의 한 표출형태이다. 그래서 유머는 이루어질 수 없는 것에 대한 좌절을 단번에 비틀어, 웃음으로 뒤통수를 치고 그것을 일소시켜준다. 이 책의 각 유머들이 독자 여러분들의 마음을 보다 밝게해주는데 조금이나마 도움이 되었으면 한다.
아울러 이책은 독자 여러분들이 보다 편리하게 각 유머를 활용할 수 있도록 1장은 넌센스(nonsense), 2장은 풍자(satire), 3장은 남자와 여자(man&woman), 4장은 에로스(eros)로 구성하였음을 밝혀둔다.

2011년 9월
한국유머아카데미

차례

제1장 넌센스 nonsense

모든 것엔 등급이 있다	··14
황당한 질문과 답변들	··17
황당한 광고 8가지	··19
황당한 대화 4가지	··21
21세기의 새로운 패러다임	··23
차남의 비애	··25
우리 집 전화비가 적게 드는 이유	··27
사제간의 동문서답	··29
"한석봉과 어머니" 8가지 버전	··31

사투리로 듣는 날씨 소감 6가지 버전	··34
황당한 고민상담 사례 5가지	··36
출생의 비밀에 관한 7가지 답변	··39
웃긴 산문 1	··41
웃긴 산문 2	··43

제2장 풍자 satire

위대하신 세종대왕님	··48
21세기 세계반 아이들	··52
UFO 출현 시 나라별 대처법	··70
나라별 암소 두 마리 사육법	··80
어느 악질기자와 착한 국회의원과의 대화	··83
모자(母子) 삼각관계의 평형	··87
뒤통수의 주인공	··91
엄마의 애정표현	··94
어떤 광고	··96
김 과장의 꿈	··102
어느 남자의 노년	··104
어느 여자의 일생	··106
죽고 싶다는 생각이 들면…	··113

제3장 남자와 여자 man & woman

남자로 태어나서 억울한 점 4가지	··118
여자로 태어나서 불만인 점 5가지	··120
못생긴 남자의 설움 4가지	··121
남자와 여자의 서로 다른 세 번	··123
남녀 구별법 7가지	··125
남자와 여자의 서로 다른 점 11가지	··127
연령대별 얄미운 여자	··130
여자가 용서할 수 없는 남자	··132
컴퓨터와 남자 여자의 공통점	··134
숫자로 본 여자에게 사랑받는 법 10가지	··135
여자들이 조심해야 할 남자 유형 7가지	··137
괜찮은 남자를 만나기 어려운 이유	··142
청혼의 경제학	··144
싱글의 5단계	··147
상황에 따른 여자들의 연령대별 반응	··149
주행 중 현금 인출에 관한 남녀 비교	··153
어떤 아줌마의 나들이 운전에 관한 보고	··156
남자와 여자가 머리를 깎았을 때의 서로 다른 반응	··160
여자와 남자의 관심 차이	··163

여자의 수고	··165
남편의 실수	··166
아내의 질투	··168
마누라 팝니다	··169
서방 팝니다	··172
연락주세요	··175
물질적 관점에서 본 남자	··177
물질적 관점에서 본 여자	··180
동물학적 관점에서 본 남자	··183
동물학적 관점에서 본 여자	··185
가전제품적 관점에서 본 남자	··188
가전제품적 관점에서 본 여자	··191

제4장 에로스 eros

범죄사에 남을만한 명 판결	··198
바람둥이 남자와 착실한 남자의 차이점	··199
옛날 팬티와 요즘 팬티의 차이점	··200
밝히는 여자가 좋아하는 운동선수 싫어하는 운동선수	··201
키스한 후 여자들의 반응 유형	··203
여자들의 연령대별 변화	··206
남자들의 연령대별 변화	··208

상류층 마님과 서민층 마님	‥210
관계 후 여자들의 지역별 반응	‥212
껄떡쇠와 엘리베이터 걸과의 대화	‥213
백수와 여자	‥214
말 되는 말 18가지	‥217
말 되는 말 13가지	‥218

제1장

넌센스

우리가 큰소리로 웃을 때 그 웃음소리는 무려 100m까지 전달된다.
지구와 달과의 거리는 38만 4천 km이다.
그러니 384만 명이 동시에 큰 소리로 웃으면 그 소리는 달까지 전달될 수 있다.
그리고 보름달이 뜨는 날 밤, 그 소리는 메아리가 되어 다시 지구로 되돌아
올 것이다.
그러면 지구는 무척 행복해질 것이다.

모든 것엔 등급이 있다

- 남자
  - 1등급 : 용모도 준수하고 능력도 있다.
  - 2등급 : 용모는 준수하다.
  - 3등급 : 돈은 있다.
  - 4등급 : 성질만 있다.

- 여자
  - 1등급 : 얼굴도 예쁘고 마음도 곱다.
  - 2등급 : 얼굴은 예쁘다.
  - 3등급 : 요리는 잘한다.
  - 4등급 : 바람만 들었다.

- ● 학생
  - 1등급 : 친구들과 선생님이 모두 좋아한다.
  - 2등급 : 친구들은 좋아한다.
  - 3등급 : 매점 아줌마만 좋아한다.
  - 4등급 : 오락실과 PC방 주인만 좋아한다.

- ● 자식
  - 1등급 : 말도 잘 듣고 공부도 잘한다.
  - 2등급 : 말은 잘 듣는다.
  - 3등급 : 몸은 건강하다.
  - 4등급 : 연예인만 따라한다.

- ● 가수
  - 1등급 : 노래도 잘 하고 춤도 잘춘다.
  - 2등급 : 랩은 잘한다.
  - 3등급 : 표절은 안한다.
  - 4등급 : 염색만 잘한다.

- ● 백수
  - 1등급 : 명함은 있다.
  - 2등급 : 할 일은 있다.
  - 3등급 : 누군가와 만날 약속은 있다.

· 4등급 : 시간만 있다.

● 대통령
· 1등급 : 국민들이 좋아한다.
· 2등급 : 야당에서 좋아한다.
· 3등급 : 여당에서 좋아한다.
· 4등급 : 적국에서 좋아한다.

● 유머
· 1등급 : 자다가도 웃는다.
· 2등급 : 웃기는 것 이상이다.
· 3등급 : 웃기는 내용이다.
· 4등급 : 웃기긴 하다.
· 5등급 : 웃기는 놈이다.

황당한 질문과 답변들

- 고개를 들어 하늘을 볼 때는 언제인가?
  - 답답할 때
  - 저녁노을이 아름다울 때
  - 기러기가 떼 지어 날아갈 때
  - 남은 쭈쭈바를 털어먹을 때(이 때가 가장 행복함)

- 세상을 살다보면 어렵고 힘든 일이 너무 많다. 그런 일들 중 가장 어려운 것은 무엇인가?
  - 하늘에 있는 별 따기
  - 혀로 자신의 팔꿈치 핥기
  - 짜낸 치약 다시 튜브에 집어넣기
  - 대머리에 똑딱삔 꽂기(이 일이 가장 어려움)

● 사람들이 가장 좋아하는 라면은 어떤 라면인가?

· 농부: 돌멩이가 고구마라면

· 광부: 바위가 금이라면

· 신부: 이 밤이 영원이라면

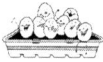 · 노처녀: 나 혼자 여자라면(이 라면이 가장 비쌈)

황당한 광고 8가지

● 광고 1
인생 동반자구합니다. 혼자 살고 있는 노총각입니다. 온갖 궂은일은 제가 다 하겠습니다. 원하신다면 밤에 하는 일도 제가 하겠습니다.

● 광고 2
애인 보관해 드립니다. 장기간 해외로 출장가시는 분, 걱정 말고 맡겨 주십시오. 돌아오면 새끼까지 쳐서 돌려 드리겠습니다.

● 광고 3
신혼여행 동반자 구합니다. 무경험자 특별히 우대합니다.

● 광고 4

집 팝니다. 이웃집 욕실이 훤히 내려다보이는 문화주택입니다. 시력감퇴로 인해 염가에 처분합니다.

● 광고 5

신입 승려 모집합니다. 탈모증 있으신 분 대환영입니다.

● 광고 6

진짜 소나무 구합니다. 잘 키워서 송아지가 열리면 나눠드리겠습니다.

● 광고 7

흑자 가계부 급히 구합니다. 곧 아내에게 월말보고를 해야 할 형편이라 고가로 매입합니다. 제 적자 가계부는 무료로 드리겠습니다.

● 광고 8

나이 깎는 기계구합니다. 우리 집 아들 녀석 연필 깎는 기계와 교환해드리겠습니다.

황당한 대화 4가지

● 대화 1
· 아들 : 아빠! 이쁜 여자가 좋아요, 아님 착한 여자가 좋아요?
· 아빠 : 이쁜 게 착한 거 아니냐?

● 대화 2
· 남편 : 여보, 당신은 왜 결혼반지를 엉뚱한 손가락에 끼고 있소?
· 아내 : 그건 제가 엉뚱한 남자랑 결혼했기 때문이에요!

● 대화 3
· 바보 : 저를 채용하면 한달에 얼마 주실 거죠?

- 사장 : 당신 값어치만큼 주지.
- 바보 : 그럼 안 되겠어요. 그렇게 적게 받아가지고서야 누가 일을 하겠어요?

● 대화 4
- 보좌관 : 의원님, 기자들이 몰려왔어요.
- 국회의원 : 없다고 그래!
- 보좌관 : 안에 있는 거 눈치 챈 거 같은데요.

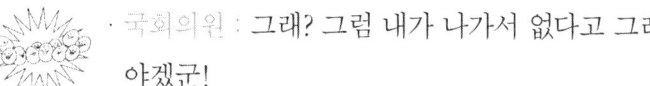
- 국회의원 : 그래? 그럼 내가 나가서 없다고 그래야겠군!

21세기의 새로운 패러다임 3가지

● 부러움과 설움
- 몸짱이 지나가면 모두가 넋을 잃고 쳐다본다. 이것은 부러움이다.
- 내가 지나가면 모두가 앞만 보고 걸어간다. 이것은 설움이다.

● 용기와 오기
- 화물차 뒤에서 오줌을 누는데 갑자기 차가 출발한다. 그래도 그 자리에 서서 계속 볼일을 본다. 이것은 용기이다.
- 화물차 뒤에서 오줌을 누는데 갑자기 차가 출발한다. 그래서 그 차를 뒤쫓아 가면서 계속 볼일을 본다. 이것은 오기이다.

● 철학적 명언과 비철학적 명언

· '신은 죽었다' 이것은 니체가 한 말이다.
· '니체, 너 죽을래?' 이것은 신이 한 말이다.
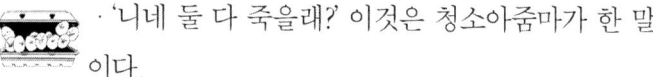 · '니네 둘 다 죽을래?' 이것은 청소아줌마가 한 말이다.

차남의 비애

● 평소 집안에서 부모님이…
- 장남에게 : 항상 믿음직스럽고 든든하구나. 우리 집 대들보야!
- 막내에게 : 언제 봐도 귀엽단 말이야. 우리 집 재롱덩어리지!
- 차남에게 : 어? 너도 집안에 있었니?

● 친구들을 데려올 때 부모님이…
- 장남에게 : 아이구, 친구도 참 잘 생겼구나. 그래, 너 이름이 뭐니?
- 막내에게 : 이 녀석들아! 그만 좀 놀고 공부도 해야지. 뭐 먹을 것 좀 줄까?

· 차남에게 : 또 달고 왔니?

● 사고 쳤을 때 부모님이…
· 장남에게 : 어쩌다 그랬니? 다음부턴 조심해라.
· 막내에게 : 쯧쯧, 아직 철이 없어서… 다음부턴 그러지 마라.
· 차남에게 : 니가 하는 일이 다 그렇지 뭐. 퍽!

● 세뱃돈 줄 때 부모님이…
· 장남에게 : 넌 첫째니까 이만 원!
· 막내에게 : 넌 작은 형하고 같이 만 원!
· 차남에게 : 너도 동생하고 같이 만 원!

● 성격을 말할 때 부모님이…
· 장남에게 : 넌 책임감도 강하고 사려가 깊으면서 의젓하구나!
· 막내에게 : 넌 투정도 잘 부리고 장난도 잘 치고, 참 성격이 밝구나!
· 차남에게 : 넌 이것도 저것도 아니면서 왜 그렇게 성격만 더럽니?

우리 집 전화비가 적게 드는 이유

경상도 집안인 우리 집은 전화비가 무척 적게 듭니다. 그 이유는 통화시간이 매우 짧기 때문입니다. 예를 들면 이렇습니다.

● 아버지가 늦게 들어오실 때…
- 나 : 아부지, 언제 들어오세요?
- 아버지 : 니들 먼저 밥 머거!
- 나 : 예?…
- 아버지 : 철컥!

● 밖에 비가 올 때…
- 나 : 여보세요?

- 아버지 : 비 온다.
- 나 : 예?…
- 아버지 : 철컥!

● 아버지가 엄마한테 할 말이 있을 때…
- 나 : 여보세요?
- 아버지 : 엄마는?
- 나 : 예?…
- 아버지 : 빨리 바까!
- 나 : 넹?…

● 동생이 나를 밖으로 불러낼 때…
- 나 : 여보세요?
- 동생 : 내다.
- 나 : 왜?
- 동생 : 나와!
- 나 : 어디로?
- 동생 : 거기!

- 나 : 거기 어디?
- 동생 : 철컥!

사제간의 동문서답

● 선생님이 아이들한테 물었다.
"애들아, 어른들께서 선물을 주시면 어떻게 말해야 하지? '다'자로 끝나는 말인데…"

· 짱구 : 감사합니다.
· 영구 : 고맙습니다.
· 맹구 : 어휴~ 뭘 이런 걸 다.

● 선생님이 다시 아이들한테 물었다.
"애들아, 어른께 잘못을 했을 때는 어떻게 말해야 하지? 이것도 '다'자로 끝나는 말인데…"

- 짱구 : 죄송합니다.
- 영구 : 죽을 죄를 졌습니다.
 · 맹구 : 아이구~ 이를 어쩐다?

"한석봉과 어머니" 8가지 버전

- **피곤한 어머니 버전**
  - 한석봉 : 어머니, 제가 돌아왔습니다.
  - 어머니 : 자, 그렇다면 어서 불을 끄거라.
  - 한석봉 : 글을 써 보일까요?
  - 어머니 : 글은 무슨… 잠이나 자자꾸나.

- **무관심한 어머니 버전**
  - 한석봉 : 어머니, 제가 돌아왔습니다.
  - 어머니 : 니가 언제 나갔었냐?

- **사오정 어머니 버전**
  - 한석봉 : 어머니, 제가 돌아왔습니다.

- 어머니 : 그렇다면 시험을 해보자꾸나. 불을 끄고 너는 떡을 썰어라. 나는 글을 쓸 테니⋯
- 한석봉 : 어머니, 역할이 바뀌었습니다.

● 겁 많은 어머니 버전
- 한석봉 : 어머니, 제가 돌아왔습니다.
- 어머니 : 그렇다면 난 떡을 썰 테니, 넌 글을 쓰도록 해라.
- 한석봉 : 어머니, 불을 꺼야하지 않을까요?
- 어머니 : 손 베면 니가 책임질래?

● 배고픈 어머니 버전
- 한석봉 : 어머니, 제가 돌아왔습니다.
- 어머니 : 자, 그렇다면 난 떡을 썰 테니 넌 물을 끓이거라.
- 한석봉 : 네엥?~

● 미리 썰어놓은 떡을 바꿔치기한 어머니 버전
- 한석봉 : 어머니, 제가 돌아왔습니다.
- 어머니 : 아니 벌써 돌아오다니, 그렇다면 시험을 해보자꾸나. 먼저 불을 끄겠다. 내가 떡을 써는 동안 너는 글을 쓰거라.
 ⋯잠시 후⋯
- 한석봉 : 어머니, 정말 대단하십니다.

- 어머니 : <u>호호호</u>, 당연하지.

● 건망증 심한 어머니 버전
- 한석봉 : 어머니, 제가 돌아왔습니다.
- 어머니 : 누구세요?
- 한석봉 : (기절)

● 아들을 독립시키려는 어머니 버전
- 한석봉 : 어머니, 제가 돌아왔습니다.
- 어머니 : 그렇다면 불을 끄거라.
- 한석봉 : 어머닌 떡을 썰 테니, 전 글을 쓰라 이거지요?
- 어머니 : 아니, 그걸 어찌 알았느냐?
- 한석봉 : 이미 책에서 읽었습니다.
- 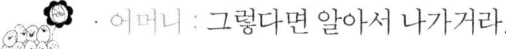어머니 : 그렇다면 알아서 나가거라.

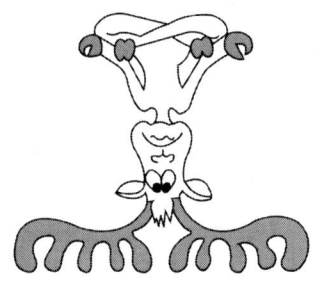

사투리로 듣는
날씨 소감
6가지 버전

● 광주버전

아따 거 머시냐, 비바람이 장난이 아니구마~잉. 우리 동네가 홀라당 날라가게 생겨부러쓰라. 우짜쓰까, 불안해 죽겄구만. 벼락맞아 뒤지는 거 아닐랑가 모르것네~.

● 여수버전

아따, 비 허벌나게 뿌려뿌네. 죽겄구마, 바람도 이빠시 불고 비도 억수로 내리쌌고… 시원하고 좋기는 헌디 피해가 없었으면 좋겠구마니라.

● 부산버전

아이고~ 무슨 비가 이래 마이 오노? 우산 어제 샀는데 또

뿌사졌네!

● 대구버전

비 억수로 오네예. 바람도 문디 가스나 치마 맹키로 펄렁거리고 날씨 엄청 춥네예. 이럴 때는 고뿔 조심하이소~.

● 평양버전

오마나, 워째 이리 비가 많이 쏟아디오? 아새끼래 춥고 배고파서 울고불고 난리가 났시오. 기래서리 내래 못살갔시요.

 ● 청진버전

아이고, 무신놈에 비바람이 이래 사납슴메? 동무도 춥고 배고파서 못 살갔지비요? 그러치 안슴메?

황당한
고민상담 사례
5가지

● 상담사례 1

· 고민남 : 저는 서울에서 조그마한 카페 두개를 운영하고 있는 30세의 남성입니다. 얼마 전에 다섯 살 연하의 여자를 만나 사랑하게 되었습니다. 그런데 그녀가 저를 좋아하는 건지, 아니면 저의 카페를 좋아하는 건지 알 수가 없습니다. 어떻게 하면 그녀의 마음을 알 수 있을까요?

· 상담사 : 간단합니다. 카페를 저한테 넘기십시오. 그래도 그녀가 좋다고 하면 진정으로 당신을 사랑하는 겁니다.

● 상담사례 2

· 고민남 : 저는 45세의 남성입니다. 결혼한 지도 오래 됐고, 이혼은 생각해 본적도 없습니다. 그런데 최근 들어 여

비서가 저를 유혹합니다. 저 또한 그녀에 대해 사랑을 느끼고 있습니다. 사랑과 인륜, 어느 쪽을 택해야 하는지요?
· 상담사 : 고민하지 마세요. 아내를 비서로 두고 비서를 아내로 해도 당신 고민은 똑같을 겁니다.

● 상담사례 3
· 고민녀 : 저는 23세의 여성입니다. 그와 이별한 지 1년이 다 되어 가는데, 아직도 제 마음속에서 그가 지워지질 않습니다. 잊으려 노력해 봤지만 그에 대한 기억 때문에 다른 사람과의 사랑에 번번이 실패하고 맙니다. 어떻게 하면 그를 지울 수 있을까요?
· 상담사 : 그가 지워지지 않아 다른 사람과의 사랑에 실패하는 것이 아니라, 다른 사람과의 사랑을 못해서 그가 지워지지 않는 겁니다.

● 상담사례 4
· 고민녀 : 저는 17세의 소녀입니다. 사춘기라 그런지 요즘 들어 부쩍 여러 가지 생각에 사로잡히곤 합니다. 그중에서 가장 큰 고민은 '나란 무엇일까?'하는 의문에 자꾸 사로잡힌다는 겁니다. 그 생각 때문에 공부도 잘 안 됩니다. 도대체 나는 무엇일까요?
· 상담사 : 고민하지 마세요. 나는 1인칭대명사입니다.

● 상담사례 5

· 고민남 : 저는 분유 회사 광고부에 근무하고 있는 사람입니다. 매스컴에서 자꾸 분유보다 모유가 좋다고 강조해서 요즘 분유 판매량이 뚝 떨어졌습니다. 도대체 분유보다 모유가 좋은 이유가 뭡니까? 어떻게 광고를 해야 고객들이 옳은 판단을 할 수 있을까요?

 · 상담사 : 광고를 포기하세요. 모유는 우선 담겨 있는 용기부터가 예쁘지 않습니까?

출생의 비밀에 관한 7가지 답변

어린 아들이 아빠에게 '아빠, 나는 어떻게 태어났어?' 하고 물었을 때, 아빠들은 이렇게 대답한다.

● 수준별

· 무식한 아빠 : 이 자식이 끼가 다분하네. 요즘 애들은 우리 어릴 때 하고는 다르다니까!

· 평범한 아빠 : 학원은 갔다 왔어? 숙제는 다 했어? 얼른 숙제부터 해! 하여간 이상한 쪽으로만 궁금한 게 많아요.

· 자상한 아빠 : 엄마랑 아빠가 무척 사랑해서 아빠가 가지고 있는 애기 씨를 엄마에게 줬지. 엄마가 뱃속에 있는 애

기집에서 열 달 동안 잘 키워서 니가 태어난 거란다.

● 년대별

· 70년대 아빠 : 쓸데없는 데 그렇게 관심 쓰지 말고 공부나 해라!

· 80년대 아빠 : 다리 밑에서 주워왔지!

· 90년대 아빠 : 아주 커다란 새가 물고 와서 놓고 갔지!

 · 밀레니엄 아빠 : 스마트폰으로 다운받았지!

웃긴 산문 1

황량한 인생의 들판 길을 가고 있는데 차가운 바람이 나에게 물었다.
"야, 춥냐?"
나는 아무 말도 하지 않았다.

얼마쯤 가는데 매서운 바람이 다시 한번 물었다.
"야, 춥냐고?"
나는 아무 말도 하지 않았다.

얼마쯤 가는데 칼날 같은 바람이 다시 한 번 나에게 성질을 내며 물었다.
"야, 춥냐니까?"

그때서야 나는 대답했다.
"그래, 추워!"

 그러자 바람이 나에게 말했다.
"야, 닭도 맨발 벗고 사는데 뭐가 추워!"

웃긴 산문 2

경찰서에 전화를 했다가 욕만 먹었다. 내 마음을 훔쳐간 그녀를 신고하려했는데, 물적 증거가 없다고 욕만 먹었다.

소방서에 전화를 했다가 욕만 먹었다. 사랑하는 마음에 불이 났다고 신고하려했는데, 장난치는 거냐고 욕만 먹었다.

병원에 전화를 했다가 욕만 먹었다. 사랑으로 터질 것 같은 마음을 치료하려했는데, 냉수마찰이나 하라며 욕만 먹었다.

전화국에 전화를 했다가 욕만 먹었다. 그녀와 나만의 직통 전화를 개설하려했는데, 어디서 생떼 쓰냐고 욕만 먹었다.

은행에 전화를 했다가 욕만 먹었다. 사랑하는 마음을 저축해서 이자로 키우려 했는데, 당신 돈 사람 아니냐고 욕만 먹었다.

> 용기를 내어 그녀에게 전화를 했다가 욕만 먹었다. 죽도록 사랑한다고 고백했는데, 사랑이 밥 먹여 주냐고 욕만 먹었다.

제2장

풍자

싱글벙글 웃는 웃음은 만족감을 나타내는 것이고
히죽히죽 웃는 웃음은 비아냥거림을 나타내는 것이고
깔깔깔 웃는 웃음은 솔직함을 나타내는 것이고
능글능글 웃는 웃음은 비밀을 감추고 있는 것이다.

Satire

위대하신
세종대왕님

● 사실, 옛날에는 캐나다와 미국과 일본과 중국이 모두 우리나라에 조공을 바치는 나라였다. 그런데 어느 날, 캐나다 사신이 우리나라 세종대왕님을 찾아와서 물었다.
"폐하, 저희 나라는 아직 이름이 없습니다. 저희 나라의 이름을 뭘로 하는 게 좋겠는지요?"
그러자 세종대왕님께서 잠시 고민하시더니 '가나다로 하여라'라고 말씀하셨다. 그래서 '가나다'를 자기네 식 발음으로 하여 '캐나다'가 되었다.

● 캐나다가 세종대왕님으로부터 멋진 국호를 하사받아가자, 이웃나라인 미국은 부럽기도 하고 시기 질투가 나기도 했다. 그래서 그들도 얼른 사신을 보내 나라 이름을 지어달

라고 했다. 그런데 마침 그 때 세종대왕님께서는 과학 연구에 몰두하고 계셨으므로, 미국 사신이 찾아와 귀찮게 하자 손을 휘휘 내저으시면서 '아무러케나 지어버려!'하고 호통을 치셨다. 그래서 오늘날 미국의 이름은 '아무러케'의 자기네 식 발음인 '아메리카'가 되었다.

● 캐나다와 미국이 세종대왕님으로부터 멋진 나라이름을 하사받아가자, 이번에는 이렇다할 국호가 없던 섬나라 일본이 부리나케 사신을 보내왔다. 그런데 예의범절을 모르는 섬나라 사신은 무례하게도 세종대왕님께 이렇게 입을 놀렸다.
"폐하, 우리나라는 국호노 없지만 선진국이무니다. 조선노 우리나라의 속국이 되는 게 마땅하무니다."
그러자 세종대왕님께서 버럭 화를 내시며 '여봐라! 쟤를 개 패듯 실컷 두들겨 패서 보내라. 쟤패!' 하고 말씀하셨다. 그래서 섬나라 사신은 국호는커녕 실컷 두들겨 맞고 돌아가게 되었는데, 본국에 돌아간 그는 국호를 받아오지 못한 죄로 목이 날아갈 것 같아, 거짓말로 세종대왕님께서 '쟤패'라는 멋진 나라이름을 지어주셨다고 보고했다. 그래서 오늘날 일본의 이름은 '쟤패'의 자기네 식 발음인 '쟤팬'이 되었다.

● 다음은 중국이 사신을 보내왔다. 그런데 중국 사신은 여

태껏 자기네 나라가 세계의 중심 국가라고 믿어왔기 때문에 세종대왕님께 국호를 받아간다는게 너무나 자존심이 상했다. 그래서 시무룩한 태도로 이렇게 아뢰었다.

"폐하 띵호아, 저희도 날라 이름 하나 지어주셨으면 해요."

이 때 세종대왕님께서 중국사신을 내려다보니, 그 태도가 촐랑대던 섬나라 사신과는 너무나 차이가 났다. 그래서 옆에 있는 영의정에게 '저 친구는 같은 동양사람 이면서 왜 저렇게 그 태도가 섬나라 사신과는 차이나지?'하고 물으셨다. 그러자 중국 사신은 그게 자기한테 한 말인 줄 알고 갑자기 세종대왕님께 넙죽 절을 하더니 '띵호아 폐하! 저희 날라 이름 차이나로 하겠어요'하고 돌아갔다. 그래서 오늘날 중국의 이름은 '차이나'가 되었다.

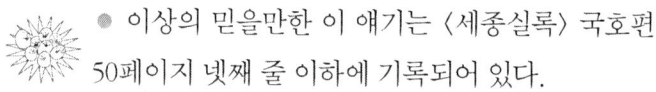 ● 이상의 믿을만한 이 얘기는 〈세종실록〉 국호편 50페이지 넷째 줄 이하에 기록되어 있다.

21세기
세계반 아이들 1

● 미국이 : 학급 반장
- 공부도 잘하고 싸움도 잘함, 한마디로 건들면 뒤짐.
- 집안이 엄청 부자라서 반 애들이 설설 김, 근데 반에서 일어나는 사소한 일까지 일일이 간섭해서 속으로는 욕 많이 먹고 있음. 그래도 어쩔 수 없음, 건들면 뒤지니까…
- 최근에 아프칸이가 건수 하나 잡혀서 개 패듯이 얻어맞고 쌍코피 터졌음.
- 북한이 보고는 콩알만 한 게 연필 깎는 칼 가지고 놀면 위험하다고 되게 구박하고 있음.

● 중국이 : 속을 알 수 없는 덩치 큰 아이
- 차츰 반장의 라이벌로 부상하고 있음.

- 들리는 소문에 의하면 앞으로 미국이네보다 더 잘 살고 집안이 괜찮아 질 거라고 함.
- 그런데 공부도 못하면서 시험기간만 되면 자꾸 컨닝을 해서 반 친구들한테 욕 많이 먹고 있음.
- 어쨌든 덩치도 크고 속도 우멍하고 싸움도 잘해서 아무도 한판 붙자고 덤비는 애는 없음.

● 한국이 : 별난 아이
- 학교에선 숫기가 없는데 집에 돌아오면 엄청 시끄러움.
- 부지런하고 IQ도 높은데 문제는 자꾸 머리와 손발이 따로 놀아서 탈임.
- 아주 잘하는 것도 몇 가지 있고 아주 개판인 것도 몇 가지 있음.
- 체육 시간에 축구 한판 뛰면 애가 완전히 달라짐. 요즘은 야구와 숏트랙, 피겨, 골프로 학교를 완전히 뒤집어 놓았음.
- 반장하고는 친한 편이지만 동생 북한이 때문에 중국이 눈치 많이 보고 있음.

● 북한이 : 깡다구가 센 아이
- 덩치는 작지만 깡과 자존심이 엄청나게 세서 반장한테도 자주 개김.
- 연필 깎는 칼 정도는 갖고 있는 것 같은데 재크나이프를

가지고 있다고 했다가, 안 가지고 있다고 했다가 종잡을 수 없는 말을 하면서 가끔씩 학급 분위기를 싸~하게 만들어 반장한테 완전히 찍혔음.
- 한국이 하고는 일란성 쌍둥이인데, 지가 형이라고 우기다가 요즘은 용돈 없다고 자주 행패를 부림.
- 꽁보리밥에 깍두기만 먹고 사는 것 같은데도 어디서 그런 깡이 나오는지 알 수가 없음.

● 일본이 : 돈 많은 애
- 공부는 잘 하지만 꼴사나운 짓거리를 자주 해댐.
- 옛날엔 한국이가 연필 잡는 법을 가르쳐 주었는데, 그 은혜도 모르고 버릇없이 굴고 있음.
- 싸움도 못하는 게 집안이 엄청 부자라서 반 애들이 놀아 주기는 함.
- 예전에 미국이한테 덤볐다가 핵주먹 한 방 얻어맞고 이마가 으스러졌었는데 지금은 다 나았음.
- 집 안마당이 자주 흔들려서 아주 골치를 앓고 있음.

● 러시아 : 덩치 크고 싸움깨나 하는 아이
- 옛날에 '소련'이라는 일진회의 두목이었을 때는 학급의 부반장이었음.
- 공부도 잘하고 싸움도 잘했지만, 반장을 너무 의식한 나

머지 스트레스로 병원 신세를 진 이후 지금은 애가 많이 순해졌음.
· 아직 나름대로의 힘이 남아있기 때문에 함부로 건들면 큰코 다침.
· 집안에선 막내 이복동생 체첸이가 딴살림 차리겠다고 땡깡을 부려서 골치를 앓고 있음.
· 중국이 하고는 친했다가 싸웠다가 좀 정신없는 사인데 요즘은 사이가 좋아졌음.

● 영국이 : 가문 좋은 아이
· 들리는 소문으로는 미국이의 배다른 형이라고 함.
· 한때는 반장까지 해 먹었을 정도로 잘나가던 녀석이었으며, 그때는 '해가 지지 않는 아이'란 별명까지 들었고 지금도 반에서 한 주먹 하기는 함.
· 자기네 집 마당에서 돈 놓고 돈 먹기 축구게임을 즐기는데 그걸 '프리미어리그'라고 함.
· 미국이가 사탕으로 반 애들을 포섭하는 바람에 반장에서 미끄러졌음.

● 프랑이 : 자존심 센 아이
· 얼굴도 잘 생기고 공부도 잘하는 편이라 여학생들에게 인기가 좋음.

- 패션감각이 뛰어나고 말발이 세서 스캔들을 많이 일으킴.
- 나폴레옹 할아버지 때는 아주 잘나가서 2분단을 완전히 장악하기도 했었음.
- 옛날이 그리운지 종종 학급회의 때 반장한테 태클을 걸기도 함.
- 최근에 한국이한테 인라인을 팔았는데, 소리도 심하게 나고 알고 보니 불량품이었음.

● 독일이 : 말수가 적고 부지런한 아이
- 저학년 때 영국이, 프랑이와 함께 반에서 잘 나가던 녀석임.
- 어느 날 느닷없이 절 표시 머리띠를 두르고 옆에 앉은 애들을 마구 패자 미국이, 영국이, 러시아가 함께 애들 편을 들어 마구 쥐어박는 바람에 허리뼈가 부러졌음.
- 지금은 허리뼈를 다시 붙였고, 그래도 양심은 있는 애라 한때 반 분위기를 험악하게 만들었던 것에 대해 사과를 했음.
- 일본이놈 보다는 통이 크고 그런대로 괜찮은 녀석이며, 맥주와 소시지를 엄청 좋아함.

● 이탈이 : 유서 깊은 집안 내력을 지닌 아이
- 프랑이 못지않은 미남에다 영화와 스포츠카를 매우 좋아

하는 다혈질인 녀석임.
- 아버지가 피자 체인점 사장인데, 집이 문화제라서 재건축을 못함.
- 3분단 애들 집안사람들이 다 이탈이네 집 소작농이었다는 얘기도 있음.
- 여학생들에게 인기가 좋고 축구하면 애가 환장함, 한국이랑 성격이 비슷한 데도 있음.

● 바티칸이 : 신앙심 깊은 아이
- 크리스마스나 부활절 날에는 바티칸이가 반애들 모두를 위해 대표기도를 함.
- 이탈이네 집에 들어 사는 형편이지만 종교적으로 이스라이네 보다 추종자가 압도적으로 많음.
- 최근에 할아버지가 돌아가셔서 기가 좀 죽어 있음.

● 터키이 : 교실 중간 자리에 버티고 앉은 아이
- 유치원 다닐 때 유럽1리, 중동2리, 북아프3리 쪽에서 동네를 주름잡던 녀석임.
- 발칸3동 애들 아버지가 전부 애네 집안 하인 출신이거나 꼬붕이었음.
- 쌈꾼 기질이 농후한데다 깡다구가 있고, 집 뒤뜰에 기독교와 이슬람교 문화제를 두루 가지고 있음.

- 초등학교 입학 후 오스트리이와 러시이에게 얻어맞기 시작하더니, 1차 패싸움 때 눈치 없이 독일이 편을 들어주었다가 아주 아작이 났음.
- 그리스이가 자꾸 개기자 회심의 일타를 날려, 겨우 자존심은 회복했음.

- 그리스이 : 덩치는 작지만 족보있는 집안의 아들
  - 이탈이네 옆집에 사는 그 동네 토박이인데, 집안은 신화로 유명함.
  - 일찍이 고조할아버지 때부터 민주적 생활방식을 이어오고 있음.
  - 담임선생님 말씀에 의하면 유럽1,2,3리 주민들 생활방식이 모두 애네 집안 가풍에서 비롯된 것이라고 함.
  - 운동은 잘 못하는데 학급에서 체육부장이고, 예전에 할아버지가 동네연합체육대회를 처음 개최했다고 함.
  - 요즘은 집안 살림을 잘 못해서 거덜날 지경이 되자 동네 아이들에게 손벌리고 있음.

- 폴란이 : 음악을 잘하고 신앙심이 깊은 아이
  - 쇼팽도 애네 집안 출신이고, 돌아가신 바티칸이네 할아버지도 애네 집안 출신임.
  - 4학년 학기 초, 2차 패싸움 때 독일이랑 러시아한테 돌아가면서 얻어터졌음.
  - 영화랑 사진에 관심이 많아서 애들한테 촬영하는 법을 가르쳐주기도 함.

- 네덜이 : 덩치는 작지만 만만치 않은 녀석
  - 유치원 다닐 때는 영국이보다도 수영을 더 잘해서 풀장

을 완전 주름잡았음.
- 애네 집은 저지대라서 맨날 물이 넘침.
- 일설에 의하면 피터라는 애가 손가락으로 물새는 거 막았다고 함.
- 집 주위에 둑을 쌓고 거기다 꽃을 심어 돈 많이 벌었음.

● 핀란이 : 북유럽1리 추운 동네에 사는 아이
- 집이 엄청 추운 대신 마당 여기저기서 뜨거운 물이 나오는 바람에 그걸로 온천 개발해서 잘살고 있음.
- 러시이가 애 깔보고 때렸다가 죽기 살기로 덤비는 바람에 저도 치료비 많이 나왔음.
- 한때 손전화기 장터에서 한국이네 애니콜이랑 애네 노키아가 아주 인기 좋았음.
- 들리는 소문에는 산타할아버지가 애네 집안 출신이라는 얘기도 있음.

● 이란이 : 주유소를 하는 부잣집 아들
- 수염 긴 할아버지가 집안을 이끌 때는 석유 팔아서 잘 살았지만, 새 아빠 들어오고 나서 살림이 거덜 났음.
- 새 아빠가 반장이랑 놀지 말라고 해서 미국이한테 왕따 당했고, 다른 교회 다니는 이락이하고는 자기네 교회가 더 좋다고 싸우는 등 학교생활 힘들게 하고 있음.

- 이락이랑 싸움질할 때 한국이가 새총 만드는데 필요한 고무줄 줬다는 얘기도 있음.
- 기름 팔아서 그 돈으로 핵폭죽 만들려다가 지금은 미국이 눈치보고 있는데, 일단 떠든 놈 명단에 올라 있음.

● 이락이 : 중간 동네에서 엄청 잘나가던 녀석
- 전통 있는 집안 앤데, 미국이가 이스라이 편을 들어주어서 힘을 못 쓰고 있음.
- 미국이가 이란이 쥐어 팰 때는 서로 친했지만, 그 뒤 중간동네에서 골목대장 하려고 하자 미국이가 심하게 두들겨 패서 만신창이가 되었음.
- 미국이가 자꾸 껀수를 만들어 애를 두들겨 패자, 애들은 속으로 반장 욕 많이하고 있음.

● 이스라이 : 머리 좋고 개성이 강한 아이
- 교실 중간 자리가 옛날 자기 자리였다고 거기로 머리 디밀고 들어가서 원래 앉아있던 팔레스타이를 내쫓고 그 자리를 꿰차고 앉았음.
- 반장하고 엄청 친한데다 집안에 돈도 많고 독특한 정신 세계를 가지고 있어 추종하는 애들도 많지만, 반면 싫어하는 애들도 많음.
- 독일이가 머리에 절 표시 머리띠 둘렀을 때 하마터면 일

가친척들이 모두 몰살당할 뻔했음.

 · 중동파 일진회 열 몇 명과 일대 다수로 싸워 이 긴 무용담은 학교의 전설로 남아 있음.

● 아프칸이 : 반에서 유명한 스트리트 파이터
· 한때 러시아가 꼬붕을 삼으려고 하자, 강력한 게릴라 권법으로 저항하는 바람에 결국은 꼬붕을 삼지 못했음.
· 수 년 전 9월 11일에 미국이네 집에 돌 던진 걸로 미국이한테 초죽음이 되도록 얻어맞았음.
· 실제로 미국이네 집에 돌 던진 애는 사우디이네 집안 출신인 라덴이라는 앤데, 그 친구를 자기네 집 땅굴 어딘가에 숨겨줬다는 이유로 개패듯 얻어맞은 것임.

● 인도이 : 아주 종교적이고 철학적인 아이
· 종교적으로는 여러모로 일가견이 있는데 청소를 잘 안해서 집안이 매우 지저분함.
· 한때 영국이가 완력으로 집안을 접수하자, 간디 할아버지가 '싸움안하고 이기기 운동'을 벌여 주변 사람들에게 깊은 감동을 주기도 했음.
· 학기 초엔 조용히 혼자 공부하는 걸 좋아했고 주변 애들한테 공부하는 법도 많이 가르쳐줬지만, 지금은 미국이나 영국이한테 많이 배우고 있음.
· 그렇지만 핵폭죽을 가지고 있는데다 가족 수가 중국이 다음으로 엄청나서 애들이 함부로 하지 못함.

● 방글이 : 생활보호대상 학우
- 옛날에는 파키스탄이와 한 집안이었는데, 애네 할아버지가 보따리 싸가지고 나와서 딴살림을 차렸음.
- 가정환경이 어려워서인지 영양실조에다 비만 오면 피부병에 설사에 장난이 아님.
- 그렇지만 그저 세상이 행복하고 좋다는 긍정적인 사고방식을 가지고 있어서 자기가 불우학생이라고는 생각하지 않음.
- 담임선생님이 반 애들을 상대로 조사한 결과 방글이가 반에서 최고의 행복지수를 가진 아이라고 발표했음.

● 싱가폴이 : 1분단 맨 앞자리에 앉은 땅꼬마
- 애네는 안방이 그냥 집이고, 집이 그냥 안방인데 깨끗하게 잘 꾸며 놓아서 동네 사람들이 구경 많이 온다고 함.
- 한때 한국이, 홍콩이, 대만이, 싱가폴이 이렇게 4명이 아시아동네 소규모 일진회 '4룡이파'를 결성한 적도 있음.
- 장사꾼들과 일수쟁이들이 애네 집에 와서 많은 거래를 한다고 함.

● 말레이시아 : 1분단 싱가폴이 옆자리에 앉은 애
- 싱가폴이와 책상위에 금 그어 놓고 맨날 급식시간에 물 떠오는 것 가지고 티격태격함.

- 요즘 집안에서 과외라도 시켜줄 형편이 되는지, 한국이 한테 공부 이기겠다는 등 은근히 도전하지만 한국이는 코웃음도 안 치고 있음.
- 사실 얘네 마당에 있는 동네 최고층 탑 '페트로나스타워' 도 한국이 삼촌이 설계하고 지어준 것이라고 함.

● 대만이 : 중국이의 막내 이복동생
- 나름대로 자기 실속을 차리는데다, 반장이 은근히 뒤를 봐주고 있어 중국이도 함부로 못 건드림.
- 한때는 예전에 살던 마당 너른 집을 되찾겠다고 호기를 부렸으나 요즘은 잠잠해짐.
- 수년 전만 해도 중국이가 까불면 한 방에 날려버리겠다 고 겁을 주다가, 그래도 동생인지라 요즘엔 잘 달래서 데 리고 있음.

● 동티몰이 : 사는 집이 호수 한가운데에 있는 쪼그만 아이
- 인도네시아가 까분다고 마구 짓밟아 중상을 입혔는데, 한국이랑 호주이가 잘 돌봐주고 있음.
- 인도네시아랑 친한 한국이가 양쪽 다 기분 상하지 않게 싸움 잘 말렸다고 반 애들 칭찬이 자자함.
- 쪼그맣고 불쌍한 애라 몇몇 친구들이 도시락도 나눠먹고 공부도 도와주고 잘 돌보고 있음.

- 베트남이 : 나름대로 근성 있는 아이
- 중국이한테 눌려서 기를 못 펴고 지내다가 중국이가 영국이, 미국이한테 정신없이 두들겨 맞을 때 프랑이가 슬쩍 자기 꼬붕이로 삼았음.
- 프랑이는 애가 겉보기에 작고 약해서 말을 잘 들을 줄 알았는데 그게 아니었음. 녀석이 깡다구가 얼마나 센지 결국 프랑이를 물어뜯어 전치 4주의 부상을 입혀버렸음.
- 미국이도 멋모르고 건드렸다가 끈질기게 물어뜯기는 바람에 두 손 들고 말았음.
- 중국이도 옛날 생각하고 다시 한 번 더 쥐어박으려다 사타구니를 걷어차였음.
- 요즘은 동남아 골목에서 두목에 오를 싹수를 보이고 있으며 한국이를 좋아함.

- 몽골이 : 말 잘 타는 목장 집 아들
- 몽골이네 증조할아버지 칭기즈칸은 대단한 싸움꾼이었음. 그 분은 말을 타고 멀리까지 나가서 딴 학교 애들까지 후려 패는 등 기세등등했으나, 지금 손자 대에 와서는 그냥 초원의 목동으로 남아있음.

· 얘네 친척들 꽤 여러 명이 한국이네 공장에 와서 일한다고 함.

● 쿠바이 : 소련 일진회와 친했던 고집 센 아이
· 나름대로 고집이 센 아이라 언젠가는 미국이한테 한방 얻어터질 거라는 소문이 자자했는데, 요즘은 거의 잠잠해졌음.
· 예전에 러시이가 일진회 두목 할 때, 애 손에 슬쩍 컷터칼 쥐어주는 걸 보고 미국이가 갑자기 웃통 벗고 식칼 드는 바람에 반 전체가 아작이 날 뻔했음.
· 애네 아버지 카스트로와 삼촌 게바라는 반애들뿐만 아니라 동네에서도 알아주는 혁명가임.

● 유엔선생님 : 담임 교사
· 1945년 부임한 이래 66년째 학급 담임을 맡고 있음.
· 어쨌든 애들이 담임선생님 무서워하는 건 옛말이고 미국이, 영국이, 중국이, 프랑이, 러시이 이런 애들이 워낙 설쳐대는 바람에 제대로 힘을 못 쓰고 있음.
· 그래도 담임선생님 역할은 해야 하기 때문에 이런저런 문제가 발생할 때마다 열심히 학급회의를 주제하기는 함.
· 현재는 담임교사 사무총장을 한국이네 사람이 맡고있음.

UFO 출현 시 나라별 대처법

● 대한민국

· 정부 : 정부와 여당은 한 시간 만에 'UFO 특별법'을 만들어 발표하고, 야당은 즉각 여당의 특별법이 국민 정서에 반하는 것이라는 성명을 발표한다.

· 국민 : UFO 출현 소식이 네티즌들 사이에 일파만파로 퍼져나가, 한 나절이 못 되어 대한민국 전 국민의 90% 이상이, 문어 대가리 모양의 외계인이 현재 63빌딩 안에 알을 낳은 다음 청와대 지붕 위에서 무궁화 2호기와 대치중이라는 터무니없는 루머를 진짜라고 믿어버린다. 돈 좀 있는 지체 높으신 분들은 서둘러 출국 비행기표를 예매한다.

● 일본
· 정부 : UFO 출현 하루만에 역사교과서 개정 작업을 벌여, 모든 역사 교과서의 마지막 페이지에 다음과 같이 적어 넣는다.

"한국, 중국, 미국, 유럽연합, 러시아 모두 UFO 격퇴 비밀병기를 만들기 위해 대일본 제국에 차관을 신청해 왔다. 그러나 경제대국인 일본이 먼저 UFO를 인수해버렸다. 그리고 이를 기념하기 위해 총리대신이 신사참배를 강행했다."

· 국민 : 과학자들을 주축으로 온 국민이 힘을 합쳐 마징가Z를 복원하려 하지만, 주변 국가들에게 과거사를 사과하지 않은 관계로 실패하고 만다. 결국 일본 국민들은 UFO에 공격당해 죽는 것이 더 장렬한 죽음인가, 아니면 열도가 가라앉아 물속에 빠져 죽는 것이 더 장렬한 죽음인가를 놓고 고민하다가, 에반게리온이 실제로 없다는 걸 깨닫고 대다수의 국민들이 자살을 해버린다.

● 중국
· 정부 : 신화사통신을 앞세워 UFO가 떠 있는 곳이 자국의 영공이라고 강력히 주장하는 한편, 중국은 외계인들도 인정하는 명실상부한 세세의 중심 국가라고 허풍을 떤다. 그리고 관료들에게는 외계인의 중화사상화를 준비시

킨다.
· 국민 : 갑자기 나타난 이상한 비행물체에 대해서는 별로 관심이 없다. UFO가 공격을 해서 한 10만 명 정도는 죽어야 다음 날 조간신문 한 귀퉁이에 기사로 실린다. 간혹 장풍을 날려 UFO를 격추시키자고 주장하는 무림의 고수들이 나타나 가십거리가 된다.

● 미국
· 정부 : 해병대를 투입시켜 보지만 아무 소용이 없게 되자, UN을 통해 연합군 결성을 촉구한다. 하지만 이에 동조하는 국가가 많지 않아, 미국 대통령은 각 대륙별 담당 차관보를 시켜 각국에 경제 및 군사원조를 중단하겠다고 으름장을 놓는다. 그러나 오히려 그 기회를 이용해 아랍 무장단체들이 미국 곳곳에서 테러를 감행하는 바람에 진퇴양난에 빠지고 만다.
· 국민 : UFO가 떠 있는 지역으로 수십만의 군중이 모여들기 시작한다. 그들 중 일부는 굉음이 나는 오토바이를 타고 다니는 마약중독자들로, 입에는 맥도날드 햄버거를 물고 있고 한 손에는 가지각색의 총을 들고 있다. 그들은 무기의 성능을 시험해보기 위해 UFO를 향해 함부로 총질을 해대기 시작 하는데, 미국 내 모든 매스컴들은 이를 실시간으로 편집해서 보도한다. 그리고 아이들은 저마

다 람보, 터미네이터, 슈퍼맨 등이 그려진 티셔츠를 입고 다니며 각 지역에서는 지구 종말론을 주장하는 무리들이 나타나 미국 전역은 혼란에 빠진다. 마이크로소프트 사 소속 컴퓨터프로그래머들이 UFO로부터 흘러나오는 단자기파를 해독하려 애써보지만, 윈도우즈 에러 메시지 때문에 아무 성과도 내지 못한다.

● 영국
· 정부 : 하원에서 UFO를 여왕이 거처할 제2 왕궁으로 설정하고 근위대를 파견하려 하자, 상원에서 그것은 전통에 어긋난다며 반대한다. 젊은 총리가 나서서 국가의 우주화를 주창하지만 잘 먹혀들질 않는다.
· 국민 : 가뜩이나 흐린 날씨에 이상한 비행물체가 나타나 햇빛까지 가린다며 달가워하지 않으면서도 침착하게 일상생활을 영위한다. 일부 시민들은 외계인을 남태평양의 자기네 식민지 어디에서 온 특수 종족쯤으로 생각한다.

● 프랑스
· 정부 : 관광청이 나서서 에펠탑 꼭대기로부터 UFO에 이르는 에스컬레이터를 설치하자고 제안하지만, 노동청은 에펠탑 관광 종사자들이 이를 반대하며 스트라이크를 일으킬 것이 뻔하므로, 그에 대한 대책이 선행되어야 한다

고 주장한다.
- 국민 : 전국의 젊은 남자들이 애인에게 전화를 걸어 주말 데이트 장소를 UFO가 나타난 지역으로 변경하자고 제안한다. 그러나 여자들은 문어대가리처럼 생긴 외계인의 얼굴이 너무 못생겨서 싫다며, 그냥 패션쇼 구경이나 가자고 우긴다.

● 독일
· 정부 : 급히 권위 있는 공학박사들을 모집하여 UFO제작 설계도면을 그린 다음, 그것을 여러 나라에 파는 한편 그 돈으로 UFO가 떠있는 하늘을 공업화할 계획을 세운다.
· 국민 : 민간기업들이 다투어 UFO보다 더 성능이 뛰어난 비행물체를 만들어 그 위에 띄워놓자, 일반 국민들은 외계에서 온 UFO의 기계적 결함을 안주거리 삼아 맥주를 마시기 시작한다. 일부 극우주의자들은 거리로 뛰쳐나가 UFO에 卍자를 그려 넣자고 외친다.

● 러시아
· 정부 : 대공미사일로 UFO를 격추시킨 다음 그 잔해를 팔아서 대량의 식량과 보드카를 수입할 계획을 세우지만, 우선은 체첸 반군을 진압하는 게 급선무기 때문에 나중으로 미룬다.
· 국민 : 너무 추워서 하늘을 볼 겨를이 없다. 보드카만 있으면 된다. 일부 국민들은 UFO를 옛 소비에트연방 시절 자기네가 쏘아올린 인공위성이 되돌아온 것쯤으로 생각하기도 한다.

● 브라질
· 정부 : 긴급 각료회의를 소집하여 UFO에서 축구경기를

할 수 있는지, 할 수 있다면 삼바축제도 함께 열 수 있는지를 검토한다.
· 국민 : 축구경기에 지장만 없다면 UFO고 뭐고 그런 건 관심도 없고 상관도 없다.

● 인도
· 정부 : UFO를 타고 온 외계인이 어떤 종교를 가졌는지에 관심을 보인다. 가까스로 나라를 안정시켜 발전의 기틀을 마련했는데, 혹시 UFO의 출현으로 말미암아 또 다른 종교와 인종 갈등이 생기지 않을까 그것을 우려한다.
· 국민 : 마음으로 믿어지지 않는 것은 존재하지 않는 것이기 때문에 UFO의 출현도 하나의 일시적 현상으로 보고 수행을 계속한다. 일부 지식인들은 외계인의 성생활과 카마수트라를 결합한 소프트웨어를 개발해서 전 세계에 팔 궁리를 한다.

● 이집트
· 정부 : 방송국에서 특집으로 내보내는 UFO 출현 소식에는 관심이 없고, 옛날 람세스 왕 시대에 자기네들도 태양계에 UFO를 띄웠었을 거라는 막연한 추측을 한다. 그러나 국무총리는 외계인의 IT기술을 전수받아 나라를 발전시킬 계획을 세운다.

· 국민 : UFO가 나타난 것을 처음 본 사람이 낙타를 타고 사막을 건너 도시에 위치한 방송국에 알리기 전까지는 그 사실을 아무도 모르기 때문에, UFO는 조금씩 자신의 존재에 대해 회의를 느끼기 시작한다.

● 이란
· 정부 : 핵무기 개발이 늦어진 것을 통탄해 하며 전 국민을 상대로 성전에 참여할 것을 촉구한다.
· 국민 : UFO를 미국이 보낸 줄로 알고, 성지에 모여 알라신께 예배한 다음 미국과의 전쟁 준비를 한다.

● 북한
· 정부 : 국민들이 UFO 출현 사실을 눈치채지 못하도록 한 다음, 외계인을 상대로 '우리는 핵무기를 가지고 있다. 너희 UFO를 한 방에 불바다 잿더미로 만들 수도 있다'라고 위협하여 외계인들이 가지고 온 식량을 지원받는다.
· 국민 : UFO 출현은 고사하고, UFO를 UN의 무슨 식량기구쯤으로 생각한다.

● 바티칸
· 정부 : 갑자기 괴 비행물체가 나타나 나라 전체의 상공을 가리어 어둡게 한 것이 악마의 짓이 아닌가 의심하지만,

곧 예배시간이라 더 이상 신경 쓸 겨를이 없다.
- 국민 : 모든 것은 하느님의 뜻이기 때문에 오로지 하느님께 대한 예배와 기도에만 신경 쓴다.

● 파푸아뉴기니
- 정부 : 총독과 각료들은 괴 비행물체의 출현에 대해 겁을 먹고, 각 부족별로 전사들을 선발하여 창과 방패로 무장시킨다. 그리고 UFO 출현 사실을 아는 부족이 어디로 이동하는지를 예의주시한다.

- 국민 : 각 부족별로 고구마, 감자, 바나나 등을 잔뜩 짊어지고 안전한 곳을 찾아 떠난다.

나라별 암소 두 마리 사육법

● 대한민국

암소 두 마리를 여당 소, 야당 소로 편을 가른 다음 서로 상대 당 소가 젖을 적게 낸다고 헐뜯는 동안, 국민들은 정부가 거둬가는 사료 값이 너무 비싸다고 아우성을 친다.

● 중국

암소 두 마리의 젖을 짜는데 3백 명의 인원을 동원하여 완전고용을 했다고 선전한 다음, 실제 숫자를 밝히려 드는 언론인을 체포한다.

● 일본

암소를 다시 디자인해서 크기를 1/10로 줄이고 예쁜 암소 만화 캐릭터를 만든 다음, 코키몬(Cowkimon)이란 이름을 붙여 전 세계에 판다.

● 미국
암소 두 마리 중 한 마리는 우주개발 실험에 쓰고, 나머지 한 마리로부터 네 마리 분의 젖을 짜려다가 소가 죽으면 호주 등 소를 많이 키우는 나라를 공격한다.

● 영국
우선 암소 두 마리의 엉덩이에 유니언잭을 그려 넣고 여왕이 작위를 하사한 다음 한 마리는 잉글랜드 가문, 한 마리는 스코틀랜드 가문에 주어 승마 경기를 시킨다.

● 프랑스
식생활 개선용 암소, 우피생산용 암소, 관광용 암소 이렇게 세 마리를 원하기 때문에 일주일에 한 번씩 파업을 한다.

● 독일
암소 두 마리를 다시 설계해서 먹이는 한 달에 한번밖에 먹지 않지만 100년 동안 살고, 게다가 스스로 젖을 짜는 소를 만든다.

● 아르헨티나

암소 두 마리를 키우는데 정부는 20마리 정도 키운다고 선전하고, 국민들은 단 한 마리도 보지 못했다며 매일 데모를 한다.

어느 악질기자와 착한 국회의원과의 대화

- 악질기자 : 의원님, 올해도 또 국회에서 세비를 올리나요?
- 착한의원 : 당연하죠, 요즘처럼 경기가 나쁠 때는 오히려 나가는 돈이 많습니다. 세비인상은 불가피합니다.
- 악질기자 : 세비가 오르면 국민들이 고통 받는다는 거 알고 계신가요?
- 착한의원 : 아, 그래요? 그런 줄은 몰랐습니다. 우리 월급이 오르는데 국민들이 왜 고통을 받죠? 우린 국민들 괴롭힐 생각은 없습니다.
- 악질기자 : 국회의원들 월급은 국민들 세금에서 나간다는 거 몰랐습니까?
- 착한의원 : 아, 그런가요? 난 나라에서 주는 줄 알았습니다.

- 악질기자 : 국회의원 세비는 얼마나 되지요?
- 착한의원 : 이것저것 합치면 한 달에 800만 원 정도 됩니다.
- 악질기자 : 그거면 충분하지 않습니까?
- 착한의원 : 그런 소리 말아요. 운전사 월급 줘야지, 아들 놈 유학비 보내줘야지, 마누라 차 굴려야지, 애인도 차 굴려야지, 가정부 월급 줘야지, 강아지 밥도 줘야지, 그리고 밀린 골프회원권 할부금도 내야지, 사우나회원권도 사야지… 들어가는 게 엄청납니다.
- 악질기자 : 사우나요? 그건 국회의사당 안에도 있지 않습니까?
- 착한의원 : 난 다른 당 의원들 만나는게 싫어서 거긴 안 가요. 그 놈들 다 나쁜 놈들입니다.
- 악질기자 : 의원님은 착하신가보죠?
- 착한의원 : 그런데 당신 어디 기자요?
- 악질기자 : 기자이기 이전에 저도 국민의 한 사람입니다.
- 착한의원 : 겁이 없군. 당신이 국민의 한사람 인거하고 나하고 뭔 상관이 있어?
- 악질기자 : 저도 의원님한테 투표했거든요.
- 착한의원 : 허허, 좋다. 앞으로도 계속해서 찍어!
- 악질기자 : 지금 의원님 욕하는 겁니다.
- 착한의원 : 몰라, 나 밥 먹으러 간다.
- 악질기자 : 국회에는 안 가나요?

· 착한의원 : 거긴 나 말고 다른 사람들도 많아. 그 사람들이 다 알아서 할 거야. 나는 거기 가면 졸리기 때문에 안 가!
· 악질기자 : 참으로 어이가 없네요. 지금 이 대화 기사화 할까요?

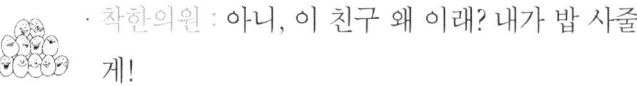· 착한의원 : 아니, 이 친구 왜 이래? 내가 밥 사줄게!

모자(母子) 삼각관계의 평형

● 아들이 엄마에게

보고 싶은 어머니, 저 어머니의 사랑하는 둘째 아들 병태예요. 그동안 안녕하셨죠? 전 어머니 염려 덕분에 군 생활 잘 하고 있습니다. 근데, 제가 급히 돈이 좀 필요해서 이렇게 편지를 쓰게 됐어요.

이번에 야전훈련 나갔다가 박격포를 잃어버렸거든요. 포 값이 20만원이구요, 포탄 2개 값 6만원 포함해서 총 26만 원입니다. 빨리 좀 보내주세요. 안 그러면 저 반은 죽습니다.

어머니, 저는 그래도 나은 편이에요. 같은 중대의 한 친구는 이번에 탱크를 잃어버렸어요. 야전훈련 나갔다가 담배가게 앞에 세워놓고, 잠시 전화를 하러 간 사이 누가 훔쳐갔데요. 개네는 거의 집을 팔아야할 형편이래요.

어머니는 군 생활 안 해보셔서 잘 모르시겠지만, 군 생활하다 보면 은근히 돈 들어가는 데가 많아요. 피복비, 식대, 숙박비, 의료비 등등 돈 써야 할 곳이 한두 군데가 아니에요. 저는 그래도 얼마 안 되는 봉급과 수당을 아껴 쓰는 편인데 무척 힘이 드네요.

어머니, 제가 제대하려면 아직 1년 반 정도 남았어요. 앞으로 천만원 정도면 군생활 무사히 끝낼 수 있을 것 같아요. 26만원 속히 보내주세요. 그럼 다시 뵙는 날까지 건강하시고 안녕히 계세요.

-사랑스런 둘째 아들 병태 올림-

PS : 참, 제 계좌번호는 알고 계시죠?

● 어머니가 아들에게

나의 둘도 없는 둘째아들 병태 보거라. 니가 니 형이 해병대 출신이란 걸 깜빡 잊었나보구나. 이유는 잘 모르겠다만, 니 형이 너 휴가 나오면 반 정도는 죽일 거라고 하더구나. 동생을 잘 이끌어줘도 시원찮을 판에 왜 그러는지 모르겠다. 하지만 이번만큼은 이 엄마도 니 형 생각에 전적으로 동의한다. 그럼 휴가 때 보자꾸나.

-너를 사랑하는 엄마가-

PS : 답장을 너무 짧게 썼다고 섭섭해 하지마라.

● 동생이 형에게

형! 나 병태야. 형이 엄마한테 뭐라고 그랬는지 모르지만, 엄마한테서 아주 섭섭한 내용의 답장을 받았어. 형은 기억력이 좀 부족 한가 본데, 형이 해병대 취사병으로 있을 때 수륙양용 장갑차 물에 빠뜨렸다면서 100만 원 뜯어갔던 거 기억해? 박격포 값 받으면 형의 어려운 백수 생활 생각해서 포탄 한개 값 정도는 보내 줄 생각이었는데 아쉽게 됐어. 그러니 이번 일은 형이 알아서 잘 처리될 수 있도록 해 줬으면 좋겠어.

형! 만사형통이란 말은 '만사는 형을 통해야만 잘 이루어진다'라는 고사성어래. 알았지?

-형을 무척 존경하는 동생 병태-

PS : 엄마가 혹시 내 계좌번호 잊어버리신 거 아닐까?

● 형이 동생에게

병태야! 니가 그토록 존경하는 너의 형 기태다. 내가 너의 편지에 대해서 엄마한테 미주알고주알 일러바친 게 아니니, 부디 오해나 협박이 없길 바란다. 요즘은 세상이 예전 같질 않아서 사회에서도 군대생활 다 안다. 너 유치원생이 속이 훤히 들여다보이는 거짓말 하면 어떠니? 속으로 웃음이 나오지? 군대 갔으면 어른스러워져야지 그게 뭐냐? 그리고 수륙양용 장갑차 정도는 돼야지 쩨쩨하게 박격포가 뭐냐? 쯧쯧쯧… 니가 형의 백수 생활 걱정해주는 것은 고맙다만, 나도 이제 곧 취직을 하게 되었으니 아무 걱정 말고 박격포 관리나 잘해라.

병태야, 형이 첫 월급 타면 그 때 박격포 값 좀 보내줄 테니 그때까지 어떻게 한 달만 버텨봐라.

-사랑하는 형아가-

PS : 걱정마라. 엄마는 얼마전에 스마트폰 사서 거기에다 니 계좌번호 잘 입력해 두셨다. 가끔 스마트폰을 냉장고에 두셔서 탈이지만 절대 안 잊어버리신다.

뒤통수의 주인공

● 우리 아빠는 항상 소파에 누워서 TV를 보십니다. 디귿자로 되어있는 우리 집 소파 한 가운데에 아빠가 누워계시고 그 양옆에 저와 동생이 앉고, 엄만 보통 소파에 앉질 않으시고 주로 바닥에 앉으십니다. 그게 편하다고 합니다.
근데 문제는 우리 엄마가 고의는 아니지만, 자꾸 상습적으로 아빠의 시선을 가리는 겁니다. 그러면 아빠는 이렇게 말하십니다.
"이봐, 돌 치워~"
그러면 엄마는 '이건 슈퍼컴퓨터야~'하고 웃으시면서 비켜주시곤 합니다.

● 그런데 사건의 내용은 이렇습니다. 언젠가 아주 중요한

A매치 축구경기가 있던 날입니다. 언제나 그렇듯 아빠는 디귿자로 된 소파 한 가운데에 누워계시고, 우리는 그 양옆에 앉았습니다. 엄마는 축구 같은 거 별로 좋아하지 않으시기 때문에 안방에 들어가 기도를 하고 계셨습니다.

근데 한참 재미있게 축구 경기를 보고 있던 중, 현지의 방송 카메라 앞에 어떤 자식이 뒤통수를 들이대고 있는 겁니다. 카메라맨이 멍청한 건지, 아니면 그 녀석이 멍청한 건지… 아무튼 그 자식이 뒤통수를 들이대고 약 10초간 있었습니다. 정말 중요한 장면이 있었는데 너무 짜증이 나서 동생이랑 저는 '우씨~ 저거 모야?' 해가면서 답답해하고 있었습니다. 아빠는 그냥 누워서 암말도 않고 계셨구요.

그리고 잠시 후…

그 녀석의 뒤통수가 사라진 다음 우린 '야, 다행이다!'하면서 다시 축구 경기를 보기 시작했습니다. 그런데 그때까지 암말 않고 계시던 아빠가 절 부르시는 겁니다.

"야!"

아빠의 목소리가 아주 심각한 저음이기에 저는 얼른 대답했죠.

"예?"

그러자 아빠가 이렇게 말씀하시는 겁니다.

"야, 안방에 니들 엄마 있나 가봐라!"

🌸 우린 그날 거실 바닥을 떼굴떼굴 구르며 아주 배꼽이 빠져 죽는 줄 알았습니다.

엄마의
애정표현

● 우리 엄마는 스마트폰의 '스'자도 몰랐죠. 그러던 엄마가 스마트폰을 사셨습니다. 저는 엄마께 카카오톡 하는 방법을 가르쳐 드렸어요.

그날 엄마는 자판을 더듬더듬 누르시더니 회사에 있는 아빠께 문자를 보냈습니다. 제가 엄마께 뭐라고 썼느냐고 물어봤더니, 아빠한테 사랑한다고 썼다는 겁니다. 저는 카카오톡 하는 법을 참 잘 가르쳐 드렸다고 생각했죠.

● 근데, 저녁때가 되어 아빠는 퇴근하자마자 엄마께 아빠의 스마트폰을 내밀며 물었습니다.

"여보, 이게 뭐야?"

그러자 아빠의 폰을 들여다 본 엄마가 깜짝 놀라며 소리쳤습니다.

"어머! 어머!"
저는 궁금해서 아빠의 폰을 들여다봤죠. 그랬더니 거기에는 이렇게 쓰여 있었습니다.
"여보 사망해!"

 ● 저는 그날 방바닥을 떼굴떼굴 구르며 아주 배꼽이 빠져 죽는 줄 알았습니다.

어떤 광고

● 제가 살던 셋방 내놓습니다. 전세 500만원, 기름보일러, 입식 부엌, 수세식 화장실…
일단 쌉니다. 그리고 그 외에 다음과 같은 무시 못 할 장점들과 특이한 점들이 있습니다.

1. 지하철역과 5분 거리입니다. 도보가 아니라 구보로 5분입니다. 100m를 13초대의 속도로 달리면 3분에도 가능합니다. 달리기나 걷기운동 부족하신 분은 좋습니다.

2. 바로 옆 오른쪽엔 목욕탕이, 왼쪽엔 교회가 있습니다. 꼬질꼬질한 모습으로 목욕탕엘 간다 해도 여자들에게 들킬 확률이 제로에 가깝습니다. 더구나 일요일 아침엔 교회

에서 제공하는 밥을 공짜로 얻어먹을 수도 있습니다. 기독교 신자가 아니더라도 한시간정도만 투자하면 소중한 한 끼를 해결할 수 있습니다. 밥해먹기 귀찮은 분들은 적극 고려해보시기 바랍니다.

3. 그리고 초등학교가 도보로 1분 거리에 있습니다. 지상 1층이긴 하지만 낮에도 햇볕이 들지 않아 어두컴컴합니다. 밤에 잠 못 주무시고 낮에 자는 분들은 대낮에도 밤의 분위기를 만끽할 수 있어 더없이 좋습니다. 밤새도록 인터넷하시고 낮에 주무시는 분들은 바로 연락주세요. 형광등만큼은 아주 큰 게 달려있어 생활에 전혀 지장이 없습니다. 올빼미 생활로 체력이 약해지면 학교 운동장에 나가 운동을 하면 됩니다. 당신을 위한 방입니다.

4. 기름보일러입니다. 돌리면 당연히 방이 따듯해집니다. 다만 한쪽 바닥만 따뜻해집니다. 온도조절기는 부엌을 사이에 두고 있는 주인집 아들 공부방에 달려있습니다. 부엌 전등불 스위치도 주인집 아들 공부방에 달려있습니다. 스위치를 사용하기 싫으면 전구를 돌려서 뺐다 끼웠다 하면 됩니다. 좀 뜨겁긴 하지만 괜찮습니다. 대신 보일러스위치는 방에 연결시켜 놓았기 때문에 보일러를 켜고 끄는 건 방안에서 맘대로 할 수 있습니다. 다만 보일

러를 켜고 나서는 반드시 문밖으로 나가 제대로 켜졌나 확인해야합니다.

5. 전기와 수도요금 계량기는 주인집과 공동사용입니다. 보통 자취방 1인 평균요 금의 따블, 혹은 따따블로 청구되므로 자신도 모르게 절약정신이 키워집니다. 물론 전기료, 수도료 절약이 아니라 용돈절약입니다. 주인집 아줌마의 인상은 무척 사납지만, 마음은 너그러워 말만 잘 하면 절충이 가능합니다. 참고로 저는 50%까지 깎아본 경험이 있습니다. 밖에서 물건 살 때 자신도 모르게 홍정실력이 향상되었음을 인정합니다. 물건 살 때 바가지 잘 쓰시는 분은 숨도 쉬지 말고 연락주세요.

6. 앞에서 잠깐 언급했다시피 부엌을 사이에 두고 주인집 아들 공부방이 있습니다. 고3인데 공부와는 담을 쌓은 아이므로, 떠들거나 음악 빵빵하게 듣는데 전혀 지장이 없습니다. 특히 야간에 담배가 떨어졌거나, 새로운 컴퓨터 게임이 필요할 경우에는 요긴하게 도움을 청할 수도 있습니다. 매우 순진한 아이이므로 여성분들도 걱정 없이 지낼 수 있습니다. 제가 입주하기 전에도 이십대 초반의 여성분이 무사고로 일년간 살다 나갔으므로 그것을 보증할 수 있습니다. 남자가 두려워 이성교제가 잘 안되시는

여성분들은 이번 기회에 사고의 개념을 확 바꿔보세요.
순진무구한 주인집 아들이 많은 도움을 줄 것입니다.

7. 화장실은 수세식이며 단독 사용합니다. 전세 500만 원
짜리 방에 이만한 조건이 드물 겁니다. 물 내리는 장치가
없습니다만, 양동이와 바가지가 비치되어있으므로 간단

히 해결할 수 있습니다. 바가지로 작은 건 2~3회, 큰 건 5~6회, 양이 좀 많으신 분은 양동이채 부으면 단번에 해결할 수 있으므로 걱정 없습니다.

8. 이집의 자랑거리는 치안이 거의 완벽에 가깝다는 겁니다. 토종 진돗개가 집을 지키고 있기 때문입니다. 쌤이라는 이 개는 사교성이 좋아 금방 친해질 수 있으며, 외출시에 배웅은 안나오지만, 귀가시에는 대문까지 마중을 나와 줍니다. 한가지 단점이 있다면 쌤이 변을 아무데나 지리고 다니면서 영역표시를 하는 버릇이 있기 때문에 외출시 문 앞이나 코너를 돌 때는 조심해야 합니다. 아차, 하는 날에는 그날 하루 종일 타인에게 피해를 끼칠 수도 있습니다.

9. 너무 많은 것을 공개했는데, 마지막으로 중요한 정보 한 가지만 더 흘려볼까 합니다. 이집의 등기부등본을 보면 근저당권설정이 채권최고액으로 되어있다는 겁니다. 놀랍죠? 보통 분들은 이런 방엔 얼씬도 안하겠지만, 단조로운 일상에서 벗어나 새로운 모험과 스릴을 즐기시려는 분들은 번지점프나 서바이벌게임 가지 마시고 이 방으로 오세요. 저는 시간의 흐름 속에 무덤덤하게 되어버려서 이제는 새로운 스릴과 보금자리를 찾아 떠나볼까 합니다.

● 이상 선착순으로 접수받은 후 심사를 통해 입주자를 결정하겠습니다. 1차는 서류전형으로 셋방살이경력소개서를 심사할 예정이고, 2차는 필기시험으로 개정된 임대차법이 출제될 예정인데 많이 틀릴수록 입주에 유리합니다. 3차는 면접시험으로 집주인이 심사하는데 일단 아무생각이 없어보여야 유리합니다. 많은 연락 바랍니다.

김 과장의 꿈

● 만년 과장인 김 과장의 꿈은 적금을 깨고 대출을 받아 술집을 차리는 것이다. 그의 계획은 이렇다.

1. 술집이름은 '사무실' 혹은 '회의실'로 할 생각이다. 그러면 회사 업무에 시달린 샐러리맨들이 술마시는 도중 집에 빨리 들어오라는 전화를 받고도, 비겁하게 거짓말 하지 않고 '응, 나 지금 사무실이야!' 또는 '응, 나 지금 회의실이야!'라고 말할 수 있기 때문이다.

2. 그리고 술집 재떨이에는 '전무' 혹은 '사장' 이란 딱지를 붙여놓을 생각이다. 그러면 누구든지 '여기 전무 좀 갈아줘!' '여기 사장 좀 갈아줘!'라고 말할 수 있기 때문이다.

어느 남자의
노년

● 하바드대학원 입학

그는 반평생 다니던 직장에서 은퇴한 뒤, 그동안 소홀했던 인생 공부를 하기위해 대학원에 들어갔다. 그가 처음 다니기 시작한 곳은 하바드대학원, 즉 하는 일 없이 바쁘게 드나드는 공원이었다. 거기서 그는 화백(화려한 백수)이라는 학위를 받았지만 인생의 참 뜻을 알 수가 없었다.

● 동경대학원 진학

그래서 그는 이번엔 하바드대학원을 그만두고 동경대학원에 들어갔다. 동경대학원은 동네에 있는 경로당이라는 곳인데, 거기서 그는 장노(장기간 노는 사람)라는 학위를 받았다. 그러나 거기서도 그는 인생의 참 뜻을 알 수가 없었다.

● 방콕대학원 전학

그래서 그는 이번엔 동경대학원을 수료하자마자, 다시 방콕대학원에 들어갔다. 방콕대학원은 방에 콕 틀어 박혀서 인생 공부를 하는 곳인데, 거기서 그는 목사(목적 없이 사는 사람)라는 학위를 받았지만 거기서도 역시 인생의 참 뜻을 알 수가 없었다.

● 지공선사로 참선

그래서 이번엔 대학원을 포기하고, 지하의 굴속을 들락거리며 참선을 하기 시작했다. 그는 참선을 하는 동안 지공선사(지하철 공짜로 타고 다니면서 눈감고 참선하는 사람)의 칭호를 받았다. 그렇지만 그는 거기서도 인생의 참 뜻을 알 수가 없었다.

● 자연으로의 회귀

그러던 어느 날, 그는 정신이 혼미하여 하늘을 보고 누워버렸다. 그리고 얼마 후, 흙 이불이 덮이기에 아무 생각 없이 편안하게 잠을 자면서 비로소 깨달았다. 인생은 그저 잠시 동안 깨어있는 상태에 불과하다는 것을…

어느 여자의 일생

● 내 나이 5세 때…

오늘도 할머니는 나를 쥐어박는다. '가시나가 뭘 그리 먹을 라카노?'하시면서… 내가 악을 쓰고 울자, 엄마가 나를 꼭 안아주셨다.
흥! 할머니도 같은 여자면서 여자인 나를 미워하시다니 서럽다. 이번에는 엄마가 꼭 아들을 낳아야 할 텐데…

● 내 나이 18세 때…

오늘은 데이트가 있는 날이다. 언니 옷을 몰래 입고 나갔다. 7시까지 들어오면 안 걸리겠지 하면서…
녀석은 날 좀 고급스런 음식점에 데려가던지, 맨날 떡볶이 집이다. 남자친구를 갈아 치우던지 해야지, 능력이 부족하면 외모라도 받쳐주던가…

데이트를 끝내고 살금살금 들어가는데, 언니가 팔짱을 끼고 내려다본다. 움찔 놀라 오줌을 쌀 뻔했다. 지금 언니의 모습은 성난 살모사 같다. 언니가 날 보더니 대뜸 손을 올린다. 또 한번 움찔 놀라자, 언니는 움찔거리는 내가 웃겼는지 이번 한 번만 봐준다면서 따라 들어오란다. 어휴, 다행이다. 근데 골방으로 데려가는 이유는 뭘까? 남자친구한테 차인 걸까?…

그런데 언니가 닭똥 같은 눈물을 뚝뚝 흘린다.

"맹순아, 너 공부 열심히 해. 언니처럼 상고가지 말구!"

뭐야, 이놈이 의사랍시고 우리 언니를 속상하게 했겠다. 내가 형부감으로 점찍었었는데, 넌 이제 땡이다.

● 내 나이 26세 때…

오늘은 언니 결혼식 날이다. 반대하는 결혼은 하지 말던지… 신랑 측은 냉랭하기만 하다.

우씨~ 우리 언니가 어때서… 상고 다니면서 계속 장학금 탔고, 자격증이 다섯 개에 돈도 많이 벌어 놨는데… 우리 언니가 너무 아까워. 난 반대하는 결혼은 절대 안 하겠다.

● 내 나이 28세 때…

녀석이 프러포즈를 해왔다. 잘해 주겠다는데 어쩌지?…

이젠 나이도 있고, 그냥 병태랑 결혼할까? 코 찔찔 흘리던 녀석이 내 남편이라?… 에라 모르겠다. 오늘은 잠이나 자고 내일 다시 생각해보자.

● 내 나이 35세 때…

이젠 미역국도 지겹다. 이번엔 태몽도 아들이었는데… 내일 바로 퇴원해야겠다. 애들 눈치 밥은 안 주시겠지. 시어머니 뵐 면목이 없다.
남편이란 작자는 마누라가 애를 낳는데 코빼기도 안 비친다. 잘해 주겠다더니 정말 사기 결혼이다. 옆 침대 새댁은 남편이 주는 장미꽃을 안고 눈물을 흘린다. 새댁을 보니 나도 눈물이 난다. 처녀 땐 꽃 선물도 곧잘 하더니 벌써 권태기인가?…

● 내 나이 40세 때…

툭! 하고 팬티 고무줄이 끊어진다. 살이 쪄서 그런가?… 다 낡은 팬티를 보니 눈물이 난다. 옛날에 엄마가 다 떨어진 팬티 꿰매 입는 모습이 정말 싫었었는데… 왜 그렇게 사냐고 하면 그냥 웃으시면서 '너도 살아봐라' 그러시더니… 딸 다섯 키우느라 얼마나 고생하셨을까? 엄마가 보고 싶다.

● 내 나이 44세 때…

남편이 술에 푹 절어서 들어왔다. 내가 잔소리를 하니 아들도 못 낳으면서 말이 많다고 한다. 눈물이 왈칵 쏟아진다. 쥐꼬리만한 월급으로 이리저리 매우다 보면 김치만으로 밥 먹는 날이 허다한데… 떡볶이 집에만 데려갈 때, 그때 끝냈어야 했다. 나도 이젠 내 인생을 살아야겠다. 당장 카드로

근사한 봄옷 한 벌 사 입고 말테다. 항상 우중충하게 입으니 십년은 더 늙어 보이는 거 같다.
모두들 화사한 게 너무 예쁘다. 나도 한때는 저런 때가 있었는데… 좀 괜찮다 싶은 옷들은 모두 몇 십만 원이니 원! 안 되겠다. 그냥 애들 티나 사가지고 들어가자.

● 내 나이 49세 때…

딸년이 바락바락 대든다. 유학도 못 보내 주면서 왜 낳았냐고 하니 가슴이 미어진다. 어미의 심정을 알기나 하는 건지?…
바락바락 대들던 딸년이 집을 휙 나가버린다. 날씨도 추운데 티 쪼가리 하나 입고 어딜 가는 건지?… 물어도 대꾸도 않는다.
안 되겠다. 딱히 갈 데도 없을 텐데 추위에 떨며 거리에서 방황하는 건 아닌지?… 찾아 나서야겠다.

● 내 나이 55세 때…

사위 될 녀석이 인사를 왔다. 어디서 저런 놈을 데려왔는지 기가 막히다. 그래도 딸년은 좋다고 입이 귀에 가서 걸렸다. 내가 보기엔 고생길이 훤 하구만…
가만히 있으면 밉지나 않지, 잘 살 거란다. 절대 엄마처럼 살지 않을 거란다. 이년아 한번 살아봐라. 세상살이 네 맘대로 되는지…

홀시어머니만 아니어도 괜찮으련만, 그래도 막무가내로 좋단다. 개똥도 약에 쓰려면 없다고 이럴 때 남편이라도 옆에 있었으면 좋으련만… 딸년 손이라도 잡아 주고 가던지… 눈물이 난다.

● 내 나이 63세 때…

엄마처럼 안 살겠다고 큰 소리 치던 딸년이 눈이 시퍼렇게 되서 친정엘 왔다. 그래도 난 맞지는 않고 살았는데…
왜 결혼 말리지 않았느냐고 울면서 애 젖병물리는 꼴을 보니 억장이 무너진다. 요놈의 김서방 오기만 해봐라. 내가 지 마누라 눈하고 똑같이 만들어 줄 테다.

● 내 나이 74세 때…

오늘은 다섯 살 난 손녀 년하고 싸웠다. 한대 쥐어박았더니, 할머니도 같은 여자면서 여자인 자기만 미워한다고 삐쭉거리더니 지 에미한테 덥석 안긴다. 어휴, 이유 없이 팔다리가 쑤신다…

죽고 싶다는 생각이 들면…

● 하루 종일 아무것도 먹지 말아 보세요. 그러면 배고파 죽습니다.

● 죽지 않았다면, 앞선 하루 동안 못 먹었던 음식들을 쌓아놓고 다 먹어보세요. 그러면 배 터져죽습니다.

● 그래도 안 죽으면, 하루 동안 아무 일도 하지 말아 보세요. 그러면 심심해 죽습니다.

● 그래도 역시 안 죽으면, 자신을 힘들게 하는 일을 찾아서 두 배로 일해 보세요. 그러면 힘들어 죽습니다.

- 그래도 혹시 안 죽으면, 500원을 투자해서 즉석 복권을 산 다음 긁지 말고 바라만 보세요. 그러면 궁금해 죽습니다.

- 그런 다음, 잠시 후 죽을 둥 말 둥 할 때 긁어 보세요. 반드시 꽝일 겁니다. 그러면 열 받아 죽습니다.

- 그래도 안 죽으면, 옷을 홀랑 벗고 거리로 뛰쳐나가 보세요. 사람들이 많이 다니는 곳일수록 좋습니다. 그러면 쪽 팔려 죽습니다.

- 이상의 방법으로도 죽지 않는다면, 당신은 아직 살아남아 이 세상에서 할 일이 남아 있다는 증거입니다. 그러니 힘내서 열심히 살아가세요. 당신이 세상을 사랑하는 한 세상도 당신을 사랑할 겁니다. 알았죠?…

제3장

남자와 여자

여자는 자신을 웃게 해주는 남자를 선택하고
남자는 자신의 말에 웃어주는 여자를 선택한다.

Man & Woman

남자로 태어나서 억울한 점 4가지

● 여자가 길거리에서 맘에 드는 남자를 쫓아가면, 그 여자는 적극적인 여자가 된다. 그러나 남자가 길거리에서 맘에 드는 여자를 쫓아가면, 그 남자는 껄떡쇠, 바람둥이, 스토커가 되어 욕을 바가지로 먹는다.

● 여자가 엉겁결에 남자화장실에 들어가면, 그 여자의 실수로 받아들여지고 애교로 봐준다. 그러나 남자가 실수로 여자화장실에 들어가면, 그 남자는 변태로 낙인찍혀 바로 잡혀간다.

● 여자가 '아~잉'하고 애교를 부리면, 너무 귀엽다며 용돈까지 준다. 그러나 남자가 '아~잉'하고 애교를 부리면 '지랄

하지 마!' 하면서 밀어 넘어뜨린다.

● 여자 선배가 남자 후배의 엉덩이를 두드리며 칭찬해주면, 주변 사람들은 그 여자의 모성애와 자상함에 마음을 찡해 한다. 그러나 남자 선배가 여자 후배의 엉덩이를 두드리며 칭찬해주면, 주변 사람들은 바로 112를 누른다.

여자로 태어나서 불만인 점 5가지

- 입사시험 면접에서 가슴 사이즈도 합격 불합격의 중요한 요소가 된다.

- 쌓인 눈 위에 오줌으로 이름을 자유자재로 쓸 수가 없다.

- 남자들처럼 30초 이내에 전화를 끝낼 수가 없다.

- 신발이 세 켤레인 것만으로는 충분하지가 않다.

- 날씨가 더워도 남자들처럼 웃통을 벗을 수가 없다.

못생긴 남자의 설움 4가지

● 잘생긴 남자가 아기를 안고 가면 사람들은 '아유, 굉장히 가정적이네. 부인은 좋겠다'라고 말한다. 그러나 못생긴 남자가 아기를 안고가면 사람들은 '저 자식 유괴범인가?'라고 말한다.

● 잘생긴 남자가 반바지를 입고 가는데 다리에 털이 많으면 사람들은 '아이구, 저 남자는 다리도 어쩜 저리 남자다울까?'라고 말한다. 그러나 못생긴 남자가 반바지를 입고 가는데 다리에 털이 많으면 사람들은 '아이구, 재수 없어. 저게 사람이야 원숭이새끼야?'라고 말한다.

● 잘생긴 남자가 혼자 커피숍에 앉아 있으면 사람들은 '와

아~ 낭만적이다. 애인과 헤어졌나봐. 나쁜 년!'이라고 말한다. 그러나 못생긴 남자가 혼자 커피숍에 앉아 있으면 사람들은 '짜식, 왕따 낭하고 혼자 앉아있네!'라고 말한다.

● 잘생긴 남자가 지나가는 여자에게 한번 씨~익 웃어주면, 그 여자는 흥분해서 그날 밤 잠도 안자고 친구들에게 일일이 전화해서 자랑한다. 그러나 못생긴 남자가 지나가는 여자에게 한번 씨~익 웃어주면 즉시 그 남자를 변태라고 신고한 다음 집에 가는 길에 점집에 들러 부적을 만든다.

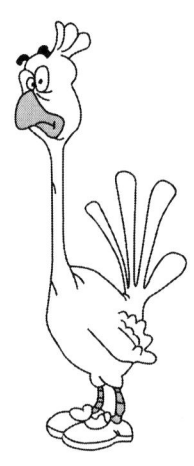

남자와 여자의 서로 다른 세 번

- 남자는 살아가는 동안 세 번 운다.
  - 태어났을 때
  - 사랑하는 여자와 헤어졌을 때
  - 부모님이 돌아가셨을 때

- 여자는 살아가는 동안 세 번 칼을 간다.
  - 사귀던 남자가 등을 돌렸을 때
  - 믿었던 남편이 바람을 피웠을 때
  - 사위 놈이 바람을 피웠을 때

- 남자는 살아가는 동안 아내에게 세 번 미안해한다.
  - 아내 혼자 힘들게 애 낳을 때

- 과다한 카드 대금 청구서가 날아왔을 때
- 몸 약하다고 비아그라 사왔을 때

● 여자는 살아가는 동안 남편에게 세 번 실망한다.
- 회사에서 잘려 집에서 빈둥빈둥 놀 때
- 시키는 잔심부름도 못할 때

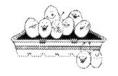
- 비아그라 먹였는데도 비실비실 댈 때

남녀 구별법 7가지

- 다리 사이로 총을 쏜다.
  죽으면 남자, 안 죽으면 여자

- 머리위에 물을 붓는다.
  바로 떨어지면 남자, 원 쿠션 맞고 일초 후에 떨어지면 여자

- 세수한 후의 얼굴을 본다.
  똑같으면 남자, 모르는 사람이 돼버리면 여자

- '너 뚱뚱해!'라고 말한다.
  배를 쳐다보면 남자, 허벅지를 쳐다보면 여자

- 라면을 끓여준다.
  젓가락으로 먹으면 남자, 젓가락으로 집어서 숟가락에 얹어 먹으면 여자

- 축구나 농구 경기장에 같이 간다.
  경기를 보면 남자, 남자를 보면 여자

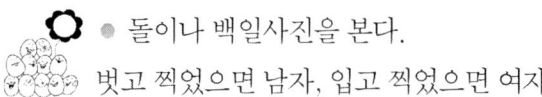
- 돌이나 백일사진을 본다.
  벗고 찍었으면 남자, 입고 찍었으면 여자

남자와 여자의 서로 다른 점 11가지

● 남자의 이상형 여자는 예쁜 것 한 가지면 된다. 그러나 여자의 이상형 남자는 잘생긴 것 포함해서 99가지이다.

● 남자가 한을 품으면 거실에 놓아둔 TV 하나 박살내면 된다. 그러나 여자가 한을 품으면 기상이변, 즉 오뉴월에도 서리가 내린다.

● 남자는 38세에도 오락과 만화에 빠져 허우적거린다. 그러나 여자는 18세에 이미 다 성장한다.

● 남자가 필요로 하는 생활필수품은 칫솔, 치약, 면도기, 면도크림, 비누, 수건 이렇게 여섯 가지이다.

그러나 여자가 필요로 하는 생활필수품은 이것저것 99가지 외에 남자가 모르는 것 몇 가지가 더 있다.

● 남자가 전화를 사용하는 경우는 중요한 약속을 할 때, 안부를 물을 때, 사업상 의견을 교환할 때, 이렇게 세 가지 경우이다. 그러나 여자가 전화를 사용하는 경우는 수시로 틈만 나면이고, 하루 종일 함께 지낸 친구사이에도 자기 전에 한 시간 이상 더 통화한다.

● 남자들끼리 저녁 식사를 하면서 대화를 나눌 때는 20개 정도의 단어면 족하다. 소금 좀 줘!, 맥주 더 마실래?, 기분 좋다! 등… 그러나 여자들끼리 저녁 식사를 하면서 수다를 떨 때는 사전에 나오는 모든 단어가 총동원되며, 가끔 새로운 감탄사까지도 생겨난다.

● 남자가 외출할 준비가 다 되었다고 하면 실제로 나갈 준비가 다 된 것이다. 그러나 여자가 외출할 준비가 되었다고 하면 실제로는 화장하기와 옷 고르기를 제외한 나머지가 겨우 끝났다는 얘기다.

● 남자는 냉장고에 더 이상 먹을 것이 없을 때까지 기다렸다가 좋아 보이는 것은 내키는 대로 왕창 산다. 그러나 여

자는 미리 필요한 물품의 리스트를 적어 요모조모 따져보고 산다.

● 남자는 우연히 거울 앞을 지나칠 때 자신의 모습을 비춰본다. 그러나 여자는 거울, 숟가락, 창문, 대머리 등 반사되는 물건이면 뭐든 그 앞에서 자신의 모습을 비춰본다.

● 남자 셋이 친구 사이이고 이름이 영구, 짱구, 맹구 이면 서로 닭대가리, 변태, 뺀질이라고 부른다. 그러나 여자 셋이 친구 사이이고 이름이 미소, 소영, 지혜이면 서로 미소, 소영, 지혜라고 부른다.

● 남자가 매일 화초에 물을 주고 햇빛을 쬐어주면 그 화초는 죽는다. 그 이유는 아무도 모른다. 그러나 여자가 매일 화초에 물주고 햇빛을 쬐어주면 그 화초는 아름다운 꽃을 피운다. 그 이유 역시 아무도 모른다.

연령대별 얄미운 여자

- 10대

    예쁜데, 공부도 잘하는 여자

- 20대

    성형수술 했는데, 티 안 나고 예쁜 여자

- 30대

    결혼 전에 오만 짓 다하고 신나게 놀았는데, 시집가서 잘 사는 여자

- 40대

    골프 치며 놀 거 다 놀고 쏘다니는데, 자식들이 대학 척

척 붙는 여자

- 50대

  아무리 먹어도 살 안 찌는 여자

- 60대

  건강도 타고났는데, 돈복도 타고난 여자

- 70대

  자식들이 효도하는데, 영감까지 잘해줘서 호강하는 여자

- 80대

  아직도 건강하게 살아 있는 여자

여자가 용서할 수 없는 남자

● 눈이 단추 구멍만 해서 쌍꺼풀 수술을 한 남자는 용서할 수 있어도, 섹시한 여자만 보면 눈이 당구공만큼 커지는 남자는 용서할 수 없다.

● 여자를 사랑하지 않는 남자는 용서할 수 있어도, 거짓 사랑고백을 하는 남자는 용서할 수 없다.

● 외박을 하고 들어온 남자는 용서할 수 있어도, 속옷을 뒤집어 입고 들어온 남자는 용서할 수 없다.

● 썰렁한 유머를 구사하는 남자는 용서할 수 있어도, 음담패설만 구사하는 남자는 용서할 수 없다.

● 밥 많이 먹는 남자는 용서할 수 있어도, 반찬투정 하는 남자는 용서할 수 없다.

● 귀 뚫은 남자는 용서할 수 있어도, 귀가 막힌 남자는 용서할 수 없다.

● 머리카락이 없는 남자는 용서할 수 있어도, 머리에 든 게 없는 남자는 용서 할 수 없다.

● 과거 있는 남자는 용서할 수 있어도, 미래가 없는 남자는 용서할 수 없다.

컴퓨터와
남자 여자의
공통점

● 남자와 컴퓨터의 공통점
· 한 동안 워밍업을 해야 제대로 작동한다.
· 담고 있는 데이터의 양은 많지만 기본적인 것은 단순하다.
· 제대로 사용하지 않으면 자체적인 문젯거리를 만든다.

● 여자와 컴퓨터의 공통점
· 애써 장만하고 나면 금방 더 좋아 보이는 게 눈에 띈다.
· 만든 사람 말고는 누구도 그 내면을 알 수가 없다.
· 손에 넣는 순간부터 수입의 절반은 부속품을 구입하는데 써야 한다.

숫자로 본 여자에게 사랑받는 법 10가지

- 경제력은 00해야 한다. (빵빵)

- 여자의 일에 11이 간섭하지 말아야한다. (일일)

- 해주는 음식에 22가 없어야 한다. (이의)

- 얼굴과 몸매는 늘 33해야 한다. (삼삼)

- 여자가 내리는 결정에 44건건 간섭하지 말아야한다. (사사)

- 밤에는 55하고 소리 나게 해주어야 한다. (오오)

● 때로는 과감하게 66 체위도 할 줄 알아야한다. (육육)

● 성격은 깐깐하지 않고 좀 77맞은 데도 있어야 한다.(칠칠)

● 정력은 언제나 88해야 한다. (팔팔)

● 대할 때는 늘 99하고 자상하게 대해주어야 한다. (구구)

여자들이 조심해야 할 남자 유형 7가지

● 일벌레 형

성공을 쫓아 자신의 모든 에너지를 쏟아 붓는 남자들은 사회적으로 인정받고 재산도 갖추고 있어, 여성에게는 더없이 매력적인 먹잇감으로 비칠 것이다. 그러나 그들은 비즈니스 밖에 모르는 족속들이다. 심지어 여자하고의 잠자리도 비즈니스라고 생각할 가능성이 높다. 에디슨은 결혼식 날 식올리다 말고 아이디어가 생각났다며 연구실로 뛰어들어가 실험을 했다. 그 때 신부는 얼마나 열 받았겠는가? 상상해보라. 부인이 생사를 오락가락하며 출산하고 있는데 시간이 아깝다며 일하러 가는 잔인한 인간들을…

● 강한 리더형

리더십을 갖춘 남자는 여성들이 보기에 대단히 매력적이다. 사람을 다루는 기술, 집단을 통솔하는 능력… 이런 요소들은 여성을 사로잡기에 충분하다. 그러나 이런 남자는 여자에게도 명령한다. 옷은 이렇게 입어라, 화장을 저렇게 해라, 심지어 이빨은 이렇게 닦아라 라고 까지 명령할지도 모른다. 대표적인 부류가 군인들인데 한번 상상해보라. 신혼 첫날밤에 '옷 벗는다 실시!', '침대에 눕는다 실시!', '그 다음은 말 못해 실시!'… 참으로 끔찍한 일이다.

● 시대의 반항아들

반항하며 사는 남자들… 도박사, 조폭, 바람둥이, 알코올중독자 등등… 평소 평범하고 메마른 삶을 사는 여자들은 이런 남자들에게 쉽게 매력을 느낀다. 처음엔 그들로부터 행복감을 느낄 수도 있다. 그러나 도박사하고 결혼하면 그 놈이 당신을 담보로 잡힐 것이고, 조폭하고 결혼하면 그 놈이 당신을 뒤지게 팰 것이고, 바람둥이하고 결혼하면 그 놈이 당신을 배반할 것이고, 알코올 중독자하고 결혼하면 그 놈이 당신을 중독 시킬 것이다. 그들은 폭탄과 같은 존재들이다. 그들은 시대와 사회에 대한 반항과 독기를 품고 당신과 함께 터져버릴 것이다.

● 실연의 상처가 있는 남자

실연의 상처가 있어 힘들어하는 남자를 보면, 여자들은 모성애가 발동하여 쉽게 정을 준다. 그리고 그런 남자들은 실연의 상처를 잊기 위해 여자들에게 잘해주기 때문에 일시적으로는 열정적일 수도 있다. 그러나 그런 남자는 시간이 지나도 헤어진 여자로부터 헤어나지 못한다. 상상해보라. 결혼해서 한평생 같이 살다가 임종을 맞았는데 '난 순애를 사랑했었어!'라고 말한다면 이 얼마나 끔찍한 일인가?…

● 유부남

말할 필요도 없다. 바퀴벌레 보듯 하라. 유부남에게 관심 갖는 여자는 한마디로 사이코다. 지 꺼 놔두고 다른 여자 어떻게 해볼까 껄떡대는 남자의 인간성이 쓰레기보다 나을 게 뭐가 있는가?… 더구나 유부남에겐 혹이 달려 있다. 그가 당신을 위해 피를 철철 흘려가며 혹을 뗄 리는 만무하다. 설혹 그렇게 한다 하더라도 잔인하게 혹을 뗀 놈은 나중에 당신도 잔인하게 떼어버릴 것이다.

● 반응이 없는 남자

호감이 가서 접근 했는데도 반응이 없는 남자는 요주의 인물이다. 그 남자가 어떤 녀석인지 무슨 수로 알 수 있겠는가?… 호모일 수도 있고, 혹시 그게 안 달렸을 수도 있다.

별 관심을 보이지 않는 남자를 억지로 유혹했다고 치자. 여차저차 해서 정을 줬는데 알고 보니 호모였다면 인생 망치는 거다.

● 위인 형

위인은 인류 역사를 위해서는 꼭 필요한 인물이다. 그러나 그들은 남편으로서는 기둥서방만도 못한 인간들이다. 그들은 대중들로부터는 커다란 칭송을 들을 것이지만, 아내로부터는 바가지만 긁힐 것이다. 수많은 위인들이 자기 마누라를 악처로 만들고, 그것을 위선으로 가리어 왔다. 그들의 아내는 남편의 위대한 업적을 뒷받침하기 위해 온갖 마음고생을 다 참아야 한다. 결국 남편은 역사 속에 위인으로 남고, 아내는 사람들의 기억 속에 파출부로 남을 것이다.

● 그럼 어떤 남자를 잡아야 하는가?…

'쇠'를 잡으면 된다. 아내의 명령에 무조건 복종하는 충성심 강한 돌쇠, 일하고 돈벌 때는 개미처럼 부지런한 마당쇠, 아내의 단점이나 잘못은 절대로 말하지 않는 자물쇠, 아내의 마음이 닫혀있을 때에는 그것을 열어주는 열쇠, 모진 풍파에도 끄떡없이 가정을 지켜나가는 무쇠, 아내가 화를 내고 짜증을 부려도 그저 둥글둥글 잘 받아주는 굴렁쇠, 아내와 대화 할 때는 부드럽고 감미로운 수액을 흘려보내주는 고로쇠, 아내가 울적할 때는 달콤한 노래로 달래주는 뻐꾹쇠, 밤에는 언제나 강하고 늠름한 변강쇠…

 ● 참고로 21세기에 가장 각광받을 판매업은 '맞춤형 남자를 파는 가게'가 될 것이다.

괜찮은 남자를 만나기 어려운 이유

- 잘생긴 남자는 안 착하다.

- 착한 남자는 못생겼다.

- 잘생기고 착한 남자는 이미 결혼했다.

- 잘생기고 착하고 미혼인 남자는 능력이 없다.

- 잘생기고 착하고 미혼이며 능력 있는 남자는 나에게 관심이 없다.

- 잘생기고 착하고 미혼이며 능력 있고 나에게 관심 있는

남자는 바람둥이다.

- 잘생기고 착하고 미혼이며 능력 있고 나에게 관심 있고 바람둥이가 아닌 남자는 동성애자이다.

- 잘생기고 착하고 미혼이며 능력 있고 나에게 관심 있고 바람둥이가 아닌 이성애자는 절대로 나에게 먼저 접근하지 않는다.

- 잘생기고 착하고 미혼이며 능력 있고 나에게 관심 있는 바람둥이가 아닌 이성애자에게 내가 먼저 접근하면, 그 남자는 나에게 흥미를 잃어버린다.

- 잘생기고 착하고 미혼이며 능력 있고 나에게 관심 있고 바람둥이가 아닌 이성애자에게 내가 먼저 접근해도 나에게 흥미를 잃지 않는다면, 그 남자는 뭔가 이상이 있는 남자이다.

청혼의 경제학

● 그는 파티에서 끝내주는 여자를 발견한다. 그가 그녀에게 다가가서 '나는 돈이 많아요, 나와 결혼해줘요'라고 말한다.
이것이 직접 마케팅이다.

● 그는 파티에서 끝내주는 여자를 발견한다. 그의 친구 중 하나가 그녀에게 다가가서 그를 가리키며 '저 사람은 돈이 많아요, 저 사람과 결혼해요'라고 말한다.
이것이 광고의 아웃소싱이다.

● 그는 파티에서 끝내주는 여자를 발견한다. 그는 그녀에게 다가가서 전화번호를 알아낸다. 그리고 다음 날 전화해서 '나는 돈이 많아요, 나와 결혼해줘요'라고 말한다.

이것이 텔레마케팅이다.

● 그는 파티에서 끝내주는 여자를 발견한다. 그는 용기를 내어 자리에서 일어나 그녀에게 다가가 음료수를 따라준다. 그리고 파티가 끝날 무렵, 다시 그녀에게 다가가 명함을 건네면서 '나는 돈이 많아요, 나와 결혼해줘요'라고 말한다.
이것이 자기 PR이다.

● 그는 파티에서 끝내주는 여자를 발견한다. 그는 품위와 매너를 지키면서 계속 그녀를 주시한다. 그녀가 그에게 다가와 '당신은 품위 있는 부자시군요, 당신과 결혼하고 싶어요'라고 말한다.
이것이 브랜드의 인지이다.

● 그는 파티에서 끝내주는 여자를 발견한다. 그는 그녀에게 다가가서 '나는 돈이 많아요, 나와 결혼해줘요'라고 말한다. 그러자 그녀가 보기 좋게 그의 따귀를 때린다.
이것이 고객의 피드백이다.

● 그는 파티에서 끝내주는 여자를 발견한다. 그는 그녀에게 다가가서 '나는 돈이 많아요, 나와 결혼해줘요'라고 말한다. 그러나 정작 가지고 있는 것은 로또복권 한 장 뿐…

이것이 스톡옵션이다.

🍓 ● 그는 파티에서 끝내주는 여자를 발견한다. 그는 그녀에게 다가가서 '나는 돈이 많아요, 나와 결혼해줘요'라고 말한다. 그러나 가지고 있는 것은 신용카드와 독촉장 뿐…

이것이 분식회계이다.

싱글의 5단계

● 1단계 = 설마기

아직은 혼자인 것이 자유롭게 느껴진다. 상황을 잘 파악하지 못하고, 운명적인 사랑이 반드시 올 거라고 철석 같이 믿는다. 자기가 찜한 사람도 친구가 원한다면 밀어줄 수 있다.

● 2단계 = 아차기

정신을 차려보니 주위에 싱글이 별로 없다. 폭탄만 아니면 된다는 생각으로 불안해한다. 소개팅과 미팅이라는 말만 나와도 미친다.

● 3단계 = 분노기

아차 싶은 마음이 분노로 변하여 커플들이 미워지기 시작한다. 둘이 손잡고 가는 모습만 봐도 그 사이로 끼어들어 떼어놓고 싶어진다.

● 4단계 = 명랑기

갑자기 명랑해진다. 너무 울다가 실성해서 웃는 사람과 같다. 자신의 싱글 생활을 즐기기 시작한다. 혼자서 영화보기, 혼자서 음악 듣기 등 혼자 놀기의 명수가 된다. 어쩌다 버스 옆자리에 이성이 앉으면 왠지 불편해진다.

● 5단계 = 독행기

차분해진다. 자신의 문제점을 알고 부질없는 노력들을 거둔다. 아직도 상황 파악을 못하고 운명적인 사랑을 기다리는 어리석은 싱글들에게 싱글의 도(道)를 제시해준다. 주말마다 결혼식 가서 뷔페 먹으며 커플들을 애도한다.

상황에 따른 여자들의 연령대별 반응

● 귀가 길에 어떤 남자가 뒤따라오면
- 10대 후반 : 집으로 뛰어 들어가 숨어버린다.
- 20대 초반 : 자꾸 따라오면 소리 지르겠다고 겁을 준다.
- 20대 후반 : 얼굴을 보고 나서 잘 생겼으면 일단 한번 만나본다.
- 30대 초반 : 먼저 다가가서 근처에 분위기 좋은 카페가 있다고 말한다.

● 골목에서 20대 초반의 치한이 앞을 가로막으면
- 10대 후반 : 무조건 살려달라고 울면서 애원한다.
- 20대 초반 : 가방에서 가스총을 꺼내며 꺼지라고 소리친다.
- 20대 후반 : 일찍 시집갔으면 너 만한 애가 있다고 머리

를 한대 쥐어박는다.
- 30대 초반 : 이렇게 만난 것도 다 인연이라며 동네 카페로 데리고 간다.

● 소개팅 시켜준다는 전화를 받으면
- 10대 후반 : 나가겠다고 말할까 말까 망설인다.
- 20대 초반 : 외모, 키, 분위기 등을 상세하게 물어본다.
- 20대 후반 : 직업이 뭔지, 장남은 아닌지… 여러가지를 캐묻지만 마지막에 가선 그런 것과 상관없이 승낙한다.
- 30대 초반 : 너무 반가운 나머지 울면서 메모지를 들고와 소개팅 장소를 받아 적는다.

● 소개팅에 맘에 드는 남자가 나오면
- 10대 후반 : 먼저 애프터 신청을 해주길 바란다.
- 20대 초반 : 얼른 자기 핸드폰 번호를 적어주고, 상대에게 전화번호 알려달라고 애교를 떤다.
- 20대 후반 : 강제로 집에 데려가서 결혼할 사람이라고 소개시킨다.
- 30대 초반 : 그동안 시집가려고 모아둔 돈이 있다며 통장을 꺼내 보여준다.

● 소개팅에 맘에 들지 않는 남자가 나오면
· 10대 후반 : 그냥 집에 가겠다고 말할까 말까 망설인다.
· 20대 초반 : 한 번 더 소개팅에 나오면 죽여 버리겠다고 협박한다.
· 20대 후반 : 미팅 주선한 친구를 찾아가서 머리끄뎅이를 잡고 싸운다.
 · 30대 초반 : 일단, 모아둔 돈은 많은지 물어본다.

주행 중 현금 인출에 관한 남녀 비교

- 남자
  - 은행 앞에 차를 세우고 자동화코너로 들어간다.
  - 현금자동지급기에 카드를 넣는다.
  - 비밀번호와 출금액을 입력한다.
  - 돈과 카드, 영수증을 꺼낸다.

- 여자
  - 은행 앞에 차를 세운다.
  - 백미러를 보고 화장을 고친다.
  - 차 엔진을 끈다.
  - 차 키를 지갑에 넣는다.
  - 차에서 내린다.

· 지갑에서 카드를 꺼낸다.
· 카드를 현금자동지급기에 넣는다.
· 핸드폰에 적힌 비밀번호를 찾는다.
· 비밀번호를 입력한다.
· 취소버튼을 누른다.
· 다시 비밀번호를 입력한다.
· 잔액을 체크한다.
· 봉투를 찾는다.
· 돈을 꺼낸다.
· 차에 탄다.
· 룸 미러를 보고 화장을 고친다.
· 자동차 키를 찾는다.
· 시동을 건다.
· 다시 화장을 고친다.
· 차를 출발시킨다.
· 차를 멈춘다.
· 차에서 다시 내린다.
· 급히 현금자동지급기 앞으로 뛰어간다.
· 빠뜨린 카드와 영수증을 꺼낸다.
· 다시 차에 탄다.
· 카드와 영수증을 지갑에 넣는다.
· 룸 미러를 보고 화장을 고친다.

· 출발한다.

· 3Km 정도 주행한다.

 · 잠긴 사이드브레이크를 푼다.

어떤 아줌마의 나들이 운전에 관한 보고

● 출발 전
- 1시간 동안 화장을 곱게 한다.
- 비가 오나 눈이 오나 선글라스는 반드시 착용한다.
- 차를 30분 이상 닦는다.
- 운전석에 앉는다.
- 시동을 건 다음, 키를 한 번 더 돌려서 키~익! 소리가 나면 깜짝 놀라 그제야 시동이 걸렸음을 확인한다.
- 룸미러로 뒷좌석의 아기를 확인하고 화장을 고친다.
- 핸드백을 옆자리에 놓는다.
- 안전벨트를 맨다.
- 안전벨트를 풀고 꼬인 부분을 푼다.
- 다시 안전벨트를 맨다.

- 1단 기어를 넣는다.
- 출발과 동시에 덜커덩 하면서 시동을 꺼먹는다.
- 기어를 3단에서 중립으로 옮긴 다음, 다시 1단 기어를 넣는다.
- 출발 후 몇 번 덜컹거린 뒤에야 정상주행을 시작한다.

● 주행 도중
- 시속 50km로 속력을 높인다.
- 기어를 2단으로 바꾼다.
- 음악을 듣고 싶다고 느낀다.
- 오른손으로 라디오를 켠다.
- 왜 차선이 바뀌었는지 이상해 한다.
- 원래 차선으로 되돌아온다.
- 차선 이동 후 깜빡이를 켜서 차선 변경했음을 알린다.
- 뒤차가 빵빵거린다.
- 여자라서 무시한다고 생각한다.
- 룸미러로 뒤차를 노려본다.
- 차가 왜 중앙선을 넘었는지 이상하게 생각한다.
- 깜박이를 켜고 좌회전 준비를 한다.
- 와이퍼가 왜 작동하는지 이상하게 생각하면서 작동을 멈춘다.
- 좌회전을 한다.

- 뒤차가 빵빵거린다.
- 좌회전 후 제일 우측 차선으로 가는데 왜 뒤차가 빵빵거리는지 열이 받는다.
- 속도를 시속 80km로 높인다.
- 기어를 3단으로 바꾼다.
- 옆차가 갑자기 끼어든다.
- 깜짝 놀라 욕을 하는데, 평상시에는 절대로 안 쓰는 욕이다.

● 주차 시
- 차선 세 개를 단번에 가로질러 우측 차선으로 이동한다.
- 일렬 주차 공간 하나를 발견한다.
- 20여 분 동안 전진으로 주차를 시도한다.
- 차가 양쪽 차 사이에 끼어 이동 불능 상태가 되어버린다.
- 20여분 동안 조금씩 전후진을 시도한다.
- 그래도 제자리임을 확인한다.
- 반쯤 걸쳐놓고 내리다가 다른 차 운전자에게 혼난다.
- 차를 뺀다.
- 차를 인도로 올린다.
- 자동으로 시동이 꺼진다.
- 기어를 중립에 놓는다.
- 사이드 브레이크를 잠근다.

· 룸미러를 보고 화장을 고친다.
· 차에서 내려 목적지로 간다.
· 5분 후 급히 뛰어와서 차에 꽂힌 키를 뺀다.
· 운전석 사이드미러를 보고 화장이 괜찮은지 확인한다.
· 목적지로 향한다.
· 다시 돌아와서 차 문을 잠근다.
· 목적지로 향한다.

 · 10분 후 허겁지겁 돌아와서 아기를 데려간다.

남자와 여자가
머리를 깎았을 때의
서로 다른 반응

● 남자
- 남자 갑 : 머리 깎았냐?
- 남자 을 : 응!

● 여자
- 여자 갑 : 어머, 너 머리 잘랐구나?
- 여자 을 : 응, 분위기 좀 바꿔보려구.
- 여자 갑 : 어머 얘, 너무 잘 어울린다.
- 여자 을 : 정말?
- 여자 갑 : 그래, 넌 웨이브가 있어서 커트머리는 안 어울릴 줄 알았는데 정말 괜찮다.
- 여자 을 : 고마워! 난 생머리인 니가 너무 부러운데…

- 여자 갑 : 무슨 소리야? 예쁘게 멋 내려면 웨이브가 약간 있는 게 좋아.
- 여자 을 : 그래두 넌 머릿결이 원래 좋잖아. 샴푸선전 해도 되겠다.
- 여자 갑 : 얘는 샴푸선전은 무슨? 니 머릿결도 굉장히 윤기 있고 탄력 있어. 나만 너무 띄우지 마.
- 여자 을 : 띄우긴… 정말이야, 너 머릿결 정말 좋아.
- 여자 갑 : 하긴… 가끔 미용실 언니들이 머릿결 좋다고 하더라. 근데, 너 어느 미용실에서 했니?
- 여자 을 : 왜 있잖아, 롯데리아 옆에 '까꼬뽀꼬' 그 미용실에서 했어.
- 여자 갑 : 어머, 너두 거기 가니? 너 정말 센스 있다. 거기 머리 되게 잘하지, 그치?
- 여자 을 : 그래, 너도 거기 가는구나? 너도 감각이 대단해. 난 거기서 정양 언니한테 머리 맡겨.
- 여자 갑 : 그러니? 정양 언니도 머리 잘 만지지만, 난 생머리라 아무래도 원장님한테 맡기는 게 안심이 돼.
- 여자 을 : 하긴, 생머리에다 머릿결까지 고우니 아무래도 신경쓰이겠지.
- 여자 갑 : 근데, 그 미장원 옆에 '버르장머리' 라는 미용실 있잖아…
- 여자 을 : 아휴, 얘 거긴 말도 마! 재수 없어.

- 여자 갑 : 어머, 너도 당했니?
- 여자 을 : 당한 정도가 아니야. 완전히 귀신 산발을 만들어놨어.
- 여자 갑 : 맞아, 거기 가면 항상 후회해. 게다가 정말 간판대로 직원들이 버르장머리가 없더라.
- 여자 을 : 그래, 다시는 거기 가지 말자.
- 여자 갑 : 알았어, 절대 안 갈거야. 근데 미용실엔 언제 또 갈거니?
- 여자 을 : 글쎄? 한 2주쯤 후에…
- 여자 갑 : 어머 잘됐다. 나도 그때쯤 가려고 했는데!…
- 여자 을 : 그래? 그럼 우리 같이 가자.
- 여자 갑 : 그래 그러자, 호호호…

- 여자 을 : 깔깔깔…

여자와 남자의 관심 차이

● 이성을 소개받을 때
- 여자 : 뭐 하는 사람이야? 잘 생겼어? 성격 좋아? 돈 많아?…
- 남자 : 예쁘냐?

● 여동생이 있다고 할 때
- 여자 : 맨날 싸우겠다. 친하게 지내!
- 남자 : 예쁘냐?

● 애인 생겼다고 말 할 때
- 여자 : 그래? 잘됐네, 몇 살인데?
- 남자 : 예쁘냐?

● 좋아하는 연예인을 봤다고 했을 때
- 여자 : 실물은 어때? 키는? 고쳤어?
   · 남사 : 예쁘냐?

여자의 수고

- 남자 : 여자들은 모를 거야. 남자들이 아침마다 면도를 해야 하는 게 얼마나 귀찮은 일인지…
- 여자 : 너, 종아리 털 미니?
- 남자 : 아니!
- 여자 : 그럼, 너 삐친 눈썹 뽑니?
- 남자 : 아니!
- 여자 : 그럼, 너 겨드랑이 털 뽑니?
- 남자 : 아니!
- 여자 : 그럼, 그깟 면도 좀 하는 것 갖구 그렇게 궁시렁대지 마!

남편의 실수

- 아내 : 자기야, 만약 내가 죽으면 어떻게 할 거야?
- 남편 : 몰라, 그런 생각 안 해봤어!
- 아내 : 다시 결혼 할 거야?
- 남편 : 무슨 소리! 그런 어림도 없는 소리를 해?
- 아내 : 왜?… 다시 결혼 하는 거 싫어?
- 남편 : 물론 결혼하고 싶겠지.
- 아내 : 근데 왜 재혼하지 않는다고 그랬어?
- 남편 : 그래그래, 재혼 한다.
- 아내 : 정말 재혼 할 거야?
- 남편 : 아마 그렇게 되겠지.
- 아내 : 그럼 우리 침대에서 그 여자하구 같이 잘 거야?
- 남편 : 그럼 어디서 자라고?

- 아내 : 그럼 내 사진 치워 버리고 그 여자 사진 놓을 거야?
- 남편 : 아마 그렇게 되겠지.
- 아내 : 그럼 내 골프채도 그 여자가 사용하게 할 거야?
- 남편 : 아니, 그 여잔 그걸 사용할 수 없어. 그 여잔 왼손잡이야!
- 아내 : 뭐라구? 지금 뭐라 그랬어? @*%$#& 퍽!

아내의 질투

- 아내 : 자기야, 결혼 전에 사랑했던 여자 있었어?
- 남편 : 응, 있었어.
- 아내 : 정말?… 사랑했어?
- 남편 : 응, 뜨겁게 사랑했지.
- 아내 : 어머나, 뽀뽀도 해봤어?
- 남편 : 해봤지…
- 아내 : 헉, 그 여자 지금도 사랑해?
- 남편 : 그럼, 사랑하지. 첫사랑인데…
- 아내 : 그럼, 그년하고 결혼하지 그랬어!
- 남편 : 그래서 당신하고 결혼 했잖아!

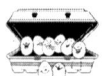
- 아내 : 우씨, 일루 와봐. 뽀뽀 해줄게!

마누라 팝니다

● 개요

10년 전 강남 '멋모르구예식장'에서 구입한 장모님표 '퍼져 2.0형' 마누라를 팝니다. 동사무소에 정품으로 등록되어 있으나, 언제든지 명의 이전이 가능합니다. 구입할 당시에는 신기해서 많이 사용했지만, 그 이후로는 처박아 두었기 때문에 새 것이나 마찬가지 입니다.

● 제품 상태

동급 최강 34인치 허리가 장착되어 있으며, 보통 10년차 주부가 28인치인 점을 감안하면 6인치 이상 더 굵습니다. 그리고 가슴은 30인치 급을 채용했기 때문에 만족감이 매우 떨어지며 대신 음식물 소비량은 동급의 두 배입니다.

● 일반 사양
· 외형 : 살 때는 전체적으로 퍼펙트했지만, 지금은 군살 옵션을 장착하여 매우 비대합니다. 특히 복부에 상착된 비곗살은 영구히 제거할 수 없습니다. 무게중심이 다소 엉덩이 쪽으로 치우쳐 있으나, 비싼 명품으로 감싸주면 봐줄만 합니다.
· 디자인 : 얼굴 밝기는 대체로 어두운 편입니다. 특히 월말에 카드사용 명세서가 날아왔을 때나 어두운 밤에 자주 사용하지 않을 때는 명도가 심하게 떨어집니다. 안정감은 있으나 여행 시나 외출할 때는 갖고 다니지 말 것을 권장합니다.
· 전원 : 오토 on/off 기능을 채택했기 때문에 밤 12시에서 6시 사이에 자동으로 꺼집니다. 그리고 밥 차릴 시간이 되면 자동으로 켜집니다. 수동으로 강제 조작코자 할 때는 감전위험이 있으니 조심하시기 바랍니다.
· 스피커 : 동급 최고 출력의 증폭기를 내장하고 있습니다. 그런데 컨트롤이 불가능하여 아무 때나 흘러나옵니다. 재주껏 고쳐 쓰시기 바랍니다.

● 특수 기능
· 1초에 수백 마디를 쏟아내는 연사기능을 갖추고 있습니다.
· 자신의 실수는 금방 잊어버리고, 가끔 생뚱맞은 말을 하

는 리플레이 기능이 있습니다.
- 사용자의 일거수일투족을 감시하는 카메라기능도 갖추고 있습니다.
- 또한 비상금을 귀신같이 찾아내는 금전 추적기능도 갖추고 있습니다.
- 그리고 상대가 실수로 했던 말은 기막히게 잘 기억하는 메모리 기능도 갖추고 있습니다.

● 결론

이상, 아끼던 물건인데 유지비가 많이 드는 관계로 내놓습니다. 본 제품을 구입하시면 추가로 삼성카드, LG카드, 우리카드 등도 끼워 드립니다. 백화점 카드도 여러 개 있습니다. 그 외 추가로 구두 20 켤레와 명품 옷 100여 벌도 끼워 드립니다. 사용 설명서는 없습니다. 읽어봐도 도움 안 되기 때문입니다. 반품은 절대로 안 되고 A/S도 안 됩니다.

 ● 추신

소박하고 순종적인 제품을 제공해 주시는 분에게는 별도로 사례하겠습니다.

서방 팝니다

● 개요

10년 전 '콩깍지호텔'에서 구입한 시엄니표 '숙여숙여 P365형' 서방을 팝니다. 동사무소에 정품 등록이 완료되어 있으나, 언제든지 명의 이전이 가능합니다. 구입 당시에는 잘 써먹었지만, 그 이후로는 쓰잘데기가 없어 처박아 둔 관계로 실제로 써먹은 기간은 얼마 안 됩니다. 그래서 새것이나 마찬가지입니다.

● 제품 상태

동급 최강 30와트 대머리가 장착되어 있으며 보통 10년차 서방이 새치머리 급인 점을 감안하면 5년은 더 오래되어 보입니다. 그리고 허리는 36인치 급을 채용했기 때문에 쿠션이 따로 필요 없습니다.

● 일반 사양
· 외형 : 전체적으로 볼 때 오뚝이 타입으로 벨트 부분 굵기가 36인치이고, 앞 볼록 뒷 볼록 형입니다.
· 디자인 : 얼굴의 명도는 좀 어두운편이며, 매달 쥐꼬리 봉투를 내미는 관계로 코가 석자는 빠질 수도 있지만 고의로 축내는 경우는 없기 때문에 만족의 기준만 낮추면 괜찮은 제품입니다.
· 성능 : 배가 많이 나온 관계로 다소 성능이 떨어지지만, 요즘은 백신이 좋으니 잘만 치료하면 중급 이상의 효과를 낼 수도 있습니다.
· 무게 : 살 때는 퍼팩트급 이었지만 지금은 뱃살 풀 옵션을 장착하여 근수가 실히 나갑니다.
· 전원 : 초저녁부터 다음날 아침까지 풀로 꺼져있는 초절전형입니다.
· 스피커 : 기본 볼륨이 높고 무뚝뚝한 편이나 용돈이나 애교 스위치로 조절이 가능합니다.

● 특수 기능
· 조상 중에 말 많이 하다 죽은 귀신이 있는지 매우 뛰어난 연사 기능을 갖추고 있습니다.

- 음성녹음은 자동적으로 리플레이 됩니다.
- 메모리포맷 기능이 있어 매번 다시 포맷하는 즐거움을 누릴 수도 있습니다.
- 동물적 본능에 가까운 예쁜 여자 추적 기능도 갖추고 있습니다.

● 결론

이상과 같은 서방을 그냥 드리기 미안해 머리끝부터 발끝까지 완전 풀 옵션으로 새로 한 벌 장만해 입혀 보내드리겠습니다. 사용 설명서는 없습니다. 그냥 물건만 보고도 작동할 수 있기 때문에 필요없습니다. 반품은 절대로 안 되고, A/S도 안 됩니다. 필요하신 분 연락 주세요.

 ● 추신

퍼팩트하고 사양 좋은 제품을 제공해 주시는 분께는 별도로 사례하겠습니다.

연락주세요

● 저는 결혼한 지 5년 된 주부입니다. 제 남편이 아무래도 병에 걸린 것 같습니다. 지난 1년 동안 노트북만 3번, 디지털 카메라 6번, 스마트폰 4번을 갈아 치웠습니다. 밤에는 잠도 안자고 컴퓨터만 꼬나보고 있습니다. 한손엔 담배, 한손엔 마우스… 그리고 방안은 온통 전선 천국입니다.

● 남편 얼굴 마주보고 도란도란 이야기 하면서 잠을 잔지가 언제인지 기억도 안 납니다. 결혼하기 전에는 디카로 절 찍어 주어서 냥 좋았었는데, 이제는 그 디카를 도끼로 내려찍고 싶습니다. 애플, 캐논, 소니 사장 내 손에 잡히면 가만 안 둡니다.

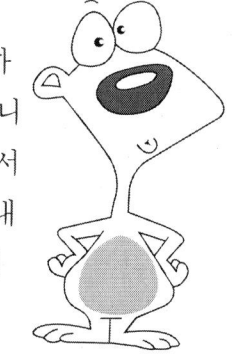

● 제 남편 사 가실 분 있으면 사은품과 함께 공짜로 드립니다. 필요하신 분 연락주세요. 택배비도 제가 부담합니다.

● 남편 사양은 아래와 같습니다.
· 월수입 50만원
· 주 1일제 근무
· 잔기스나 잔병 없음
· 가리는 음식 없음
· 구입 시 받은 박스는 어디다 뒀는지 모름
· 기초 체력은 good 임
· 방전 후 충전은 15분이면 OK (요즘은 방전해본 적이 없어서 현 상태를 잘 모름)
· 무상 보증기간 하루
· 사후 A/S는 안됨
· 교환 및 반품은 절대 안 됨 (구입 후 변심으로 인한 반품도 절대 불가)

 ● 연락번호: 088-888-8888(남편 있는 생과부)

물질적 관점에서 본 남자

● 개요
- 원소기호 : Ma
- 질량 : 60~90Kg
- 심벌의 길이 : 16cm 정도 된다고 알려져 있지만, 짧은 경우엔 8cm인 것도 있음
- 발견자 : 이브
- 발견 장소 : Wo가 있는 곳

● 특징
- Wo에 비해 표면의 질감이 좋지 않고 곡선미가 떨어짐.
- 이성적 핵분열을 지향하지만, 진로를 방해하거나 불순물이 섞이면 강한 폭발성을 보임.

- 본질적으로 Wo와 양성반응을 일으키려는 성질이 강하고, 어떤 종류는 유독 알코올에 적극적인 반응을 보이는 것도 있음.
- Wo와 반응하여 강도가 높아지는 종류가 있는가 하면 오히려 약해지는 종류도 있음.
- 어떤 것은 다른 Wo와 반응하려다 심한 손상을 입기도 함.
- 생성 년 수가 40년이 넘으면 갑자기 질량이 늘고 Wo와의 반응력이 현저하게 떨어짐.
- 굉장히 민감한 부분이 있는가하면 미련할 정도로 둔감한 부분도 있음.
- Wo와의 융합이 잘 되지 않으면 구조질서가 흐트러지고 경직되지만 애교 용액으로 순화시킬 수 있음.

● 용도
- 생성된 지 25년 정도가 되면 용도 가치가 가장 높고 50년 정도까지도 무난히 쓸 수 있음.
- 무거운 물건을 들 때, 높은 선반 위에 있는 물건을 내릴 때, 밤에 어두운 골목길을 가야 할 때, 공짜로 저녁을 먹고 싶을 때 등에 유용하게 쓸 수 있음.
- 잘 용해시켜 가면서 이용하면 여러 가지 득을 볼 수 있지만, 무리하게 사용하면 폭발하거나 부서져버릴 수도 있음.

● 취급 시 주의 사항

Wo로부터 자신의 존재가치와 용도가치가 배척당했을 때, 또는 자기가 반응하려는 Wo에게 다른 Ma가 접근했을 때는 무시무시한 폭발력을 보이므로 주의해야 함.

물질적 관점에서 본 여자

● 개요
- 원소기호 : Wo
- 질량 : 40~70Kg(70Kg 이상인 동위원소도 있음)
- 심벌의 크기 : A~D컵
- 발견자 : 아담
- 발견 장소 : Ma의 옆구리

● 특징
- 상위 표면은 대개 색깔 있는 얇은 가루 막으로 덮여있고 하위 표면은 매끈함.
- 비등점이 낮아 별것 아닌 것에 끓고 빙점이 높아 이유 없이 얼어버림. 그러나 융점도 낮아 적절하게 처리하면 다

시 녹음.
· Ma와 정면으로 부딪혔을 때는 날카로운 금속성 음을 내고 평상시에는 감성적 핵분열을 지향함.
· 본능적으로 예뻐지려는 속성을 지니고 있는 물질로서, 특히 Ma가 예쁜 Wo만을 강하게 흡수하려는 경향을 보이기 때문에, 거기에 호응하고자 스스로 질량을 줄이고 심지어는 모양을 변형시키기도 함.
· 값비싼 물질인 다이아몬드, 루비, 사파이어 등을 흡수하려는 성질이 강함.

● 용도
· 생성된 지 20년 정도가 되면 용도 가치가 가장 높고 50년 정도까지도 무난히 쓸 수 있음.
· 빛이 차단된 시험관에 Ma와 함께 집어넣으면 양성반응을 일으켜 또 다른 Ma 또는 Wo를 생성함.
· 새로 생성한 Ma 또는 Wo를 키우거나 돌보는데 매우 유용함.
· 음식을 만들거나 청소와 빨래 등을 할 때 탁월한 쓰임새가 있으나, 일부는 알코올을 흡수할 때 옆에 두는 용도로 악용하기도 함.

● 취급 시 주의사항

비등점과 빙점에 민감하므로 조심스럽게 취급하지 않으면 매우 위험함. 특히 자기와 고정 반응하는 Ma가 다른 Wo를 흡수하려 하면 엄청난 폭발력을 보일 뿐만 아니라, 오뉴월에 서리를 내리게도 함.

동물학적 관점에서 본 남자

- 종 : 늑대 과
- 성 : 수컷
- 원산지 : 암컷
- 주식 : 밥, 술, 담배
- 몸무게 : 평균 60kg~80kg이지만, 영양 상태에 따라 그 이상 또는 이하인 것도 있음
- 발견지역 : 떼로 발견될 때는 늦은 밤 술집 밀집지역, 암컷과 함께 발견 될 때는 분위기 좋은 카페나 모텔 근처.
- 짝짓기 : 원래는 일부일처제이나, 전혀 개의치 않고 다른 암컷을 취하기도 함(능력에 따라 아주 편차가 심함)
- 서식지 : 통상 직장이라고 보고 되지만, 드물게는 지하철 역이나 공원에 서식하는 종류도 있음.

- 모양새 : 천차만별이라 확정 지을 수 없으며 잘생긴 놈, 못생긴 놈, 우람한 놈, 비쩍 마른 놈 등 대략의 종류만 구분 할 수 있음.
- 특성 : 몸에 알코올기가 떨어지면 반드시 보충해 주어야만 활동이 가능하고, 담배라는 풀떼기를 이용하여 몸에 불을 때야만 두뇌 활동을 원활히 할 수 있음. 예쁜 암컷이 지나가면 눈이 돌아가고 다량의 침을 분비함. 특히 섹시한 암컷을 보면 이성이 마비되어 하이에나 또는 순한 양으로 돌변하기도 함.
- 활동지역 : 낮엔 주로 직장이라는 곳에서 서식하다가 밤이 되면 불빛이 휘황한 곳으로 뛰쳐나와 왕성한 활동력을 보임.
- 생존기간 : 원래 수명은 100년이지만 스스로가 음주, 흡연, 잦은 짝짓기 등으로 30년을 갉아먹고 70년이 되었음
- 노후생활 : 능력과 습성에 따라 현격한 차이를 보이며, 경우에 따라 편안 할 수도 있고 괴로울 수도 있음.
- 가치 : 암컷을 상대로 이불속에서 가치를 발휘하며, 대개 한 한달에 한번 월급 받는 날에는 배우자와 새끼들로부터 최고의 가치를 인정받음.

동물학적 관점에서 본 여자

- 종 : 여우 과
- 성 : 암컷
- 원산지 : 수컷
- 주식 : 밥을 주식으로 하며 더러는 술과 담배를 즐기는 종류도 있음.
- 몸무게 : 영양 상태에 따라 천차만별이며 대개는 40kg~60kg이지만 체형에 따라 그 이상 또는 그 이하인 것도 있음.
- 발견지역 : 아파트 근처, 백화점, 시장 등 다양함. 혼자서 발견되는 경우는 폭탄이라 불리는 변종임.
- 짝짓기 : 원래는 일처일부제이나 경우에 따라 다른 수컷을 유혹하거나 유혹당하기도 함.

- 서식지 : 통상 집이라고 보고 되지만, 자기 수컷이 다른 암컷에게 정신을 빼앗기면 새끼를 데리고 집을 나가버리기도 함(이 때는 매우 난폭해지기 때문에 각별한 주의가 요구 됨).
- 모양새 : 천차만별이라 확정지을 수 없으며, 공주, 폭탄, 아줌마 등 대략의 종류만 구분할 수 있음.
- 특성 : 가슴과 머리에 바람이 들기 시작하면 반드시 카드를 감추어야만 살림유지가 가능함. 화장품이라는 일종의 페인트 덩어리를 이용하여 얼굴을 개조하기 때문에 종류에 따라서는 맨 얼굴일 때 그 어미도 알아보지 못함.

  돈 많고 잘 생긴 수컷을 보면 눈웃음을 치고 내숭이 심해짐. 감정의 변화가 심하여 조물주도 그 심리상태를 정확히 알 수 없다고 함.
- 활동지역 : 낮엔 주로 이곳저곳에서 활동하다가 밤이 되면 대부분 집에서 TV를 시청함(드라마라는 걸 못 보게 하면 입에 거품을 물기 때문에 절대로 리모콘을 빼앗아서는 안 됨).
- 생존기간 : 원래 수명은 110년이지만 출산, 배우자의 뒷바라지, 새끼들의 속썩임 등으로 30년을 갉아먹고 80년이 되었음.
- 노후생활 : 배우자 선택에 따라 팔자가 펼 수도 있고, 팔자려니 할 수도 있음.

· 가치 : 수컷에 비해 그 모양새에 따라 가치의 차이가 매우 현격하며, 한 달에 한 번씩은 수컷과 함께 할 수 없기 때문에 가치가 떨어짐.

가전제품적 관점에서 본 남자

● 기본 사양
· 평균 수명 : 72.8년
· 평균 길이 : 173.3Cm
· 평균 무게 : 69.8Kg
· CPU : 사용자의 것보다 크지만, 더 영리하다고 볼 수는 없음.
· 모니터 모양 : 갸름하고 둥근 형, 광대뼈가 튀어나온 형, 이마가 넓은 형, 턱이 뾰족한 형, 주걱턱 형 등 다양한 모델이 있음.
· 몸체 모양 : 일부 王자가 새겨져 있는 것들도 있지만, 대부분은 바가지를 엎어놓은 형태의 모양임.
· 다리 모양 : 보통 롱, 숏 두 가지로 나누지만 O자형 모델

이나 八자형 모델도 있음.

● 시스템적 특징
· 여러 번 좋은 말로 했음에도 불구하고 명령어가 먹히지 않을 때는 징계 수위를 높여야 함. 징계의 방법으로는 질책, 눈물 흘리기, 입 삐쭉거리기, 양심의 가책 받게 하기, 짐 싸겠다고 위협하기, 히스테리컬한 분노 표출, 장황한 설교 등 다양한 방법이 있음.
· 조소나 냉소, 희롱, 반어 같은 모듈을 투입하면 발기부전, 알코올 흡입, 가출 등 심각한 오작동이 생길 수도 있음.

● 사용 시 각별히 주의해야 할 점
· 시도 때도 없이 '자기 지금 무슨 생각해?'라고 묻는 행위.
· 시시콜콜한 것을 가지고 끊임없이 수다를 떠는 행위.
· 사랑의 맹세나 기타 낭만적인 고백을 강요하는 행위.
· 바이러스에 걸려 비실거릴 때 위로해 주기는커녕 그렇게 몸이 약해서 어느 짝에 써먹느냐고 비아냥거리는 행위.

● 고장 시 응급처치 요령
· 해결해야 할 문제점들을 상세히 적어 제작자(시어머니)에게 넘김.
· 데리고 나가 적당량의 알코올을 주입시킴.

· 친구들과 어울려 골프나 당구, 포커 등을 즐기고 오라고 권유함.
· 1,2,3의 방법으로도 안 되면 단식을 하면서 동침을 거부함 (이건 강한 스파크를 일으킬 수도 있으므로 최후의 방법으로 써먹어야 함).

가전제품적 관점에서 본 여자

- **기본 사양**
- 평균 수명 : 80년
- 평균 길이 : 160Cm
- 평균 무게 : 53.4Kg
- CPU : 사용자의 것보다 작지만, 무시했다간 큰 코 다침

- 모니터 모양 : 아주 다양함. 사용자의 90%이상이 작고 갸름한 계란형을 선호하기 때문에 스스로 성형외과라는 곳에 가서 거액을 들여 튜닝을 하기도 함.

- 몸체 모양 : 두 개의 봉우리를 가지고 있으며, 앞면 아랫부분이 튀어나오지 않게 하려고 별의 별 방법을 다 씀.

- 다리 모양 : 제품의 가치를 평가하는데 있어 CPU만큼이나 중요한 부위로서, 사용자들은 일단 길고 늘씬한 모델을 좋아 함. 모니터, 몸체, 다리 모양을 합쳐 예쁜 형이면 사용자로부터 성능, 실수, 장애 등에 관계없이 모든 것을 다 용서받을 수 있음.

● 시스템 특징
- 전형적인 특징은 꼼꼼하고, 불평불만이 심하고, 허영심과 질투심이 강하고, 수다 떨기를 좋아하고, 남이 잘 되는 꼴을 못보고, 상처를 받으면 화장실에 가서 눈물을 흘리기도 함.

- 사용자의 말 또는 행동에 뭔가 의심이 가거나 분명치 않을 때는 제품 각 부위가 필요 이상의 고성능을 발휘함. 그러기 때문에 누군가와 비밀스런 얘기를 나눠야 할 때는 사무실 전화를 이용한다거나 핸드폰에 적힌 번호는 그때그때 지워야 함.

● 사용 시 각별히 주의해야 할 점
- 옷이나 머리모양을 바꿨을 때 무관심한 반응을 보이는 행위.

· 밖에서 일어난 일이나, 회사 내의 상황에 대해 전혀 이야기하지 않는 행위.

· 자신의 의기소침함을 제품 탓으로 돌리는 행위.

· 주말 오후나 일요일에 자신의 취미활동에만 몰두하는 행위.

· 제품의 제조일, 구입일, 업그레이드일 등을 기억하지 못하는 행위.

· 습관적으로 제품의 기능과 성능을 폄하하는 행위.

● 고장 시 응급처치 요령
· 소리를 지르거나 호통을 침으로써 일시적 효과를 볼 수도 있지만, 제품을 너무 거칠게 다루면 쉽게 깨지거나 부서지기 때문에 조심해야 함.

· 해결해야 할 문제점의 내용을 상세히 적어 제작자(장모님)에게 넘김.

· 신용카드를 지참시켜 백화점이나 쇼핑센터 또는 보석 박람회 같은 곳에 갖다 버림.

- 친구들이나 아는 언니 등을 집으로 불러들여 수다를 떨 수 있도록 은근히 자리를 비켜줌.

- 1,2,3,4의 방법으로도 안 되면 홈쇼핑 채널에 헐값으로 내놓는다고 공갈을 침(이건 강한 스파크를 일으킬 수도 있으므로 최후의 방법으로 써먹어야 함).

제4장

에로스

남자 바람둥이는 걸걸걸(girl girl girl) 웃고,
여자 바람둥이는 히히히(he he he) 웃고,
화장실 청소부는 피싯(pee shit)~ 웃는다

Eros

범죄사에 남을만한 명 판결

● 어떤 여자가 옷을 홀랑 벗고 남자 목욕탕에 들어갔다. 남자들은 즉각 그 여자를 '방화죄'로 고소했다.
그러나 판사는 냉탕에 들어가면 그 불은 금방 꺼진다며 여자의 무죄를 선고했다.

● 어떤 남자가 옷을 홀랑 벗고 여자 목욕탕에 들어갔다. 여자들은 즉각 그 남자를 '불법무기소지죄'로 고소했다.
그러나 판사는 그 무기는 살상용이 아니라며 남자의 무죄를 선고했다.

바람둥이 남자와 착실한 남자의 차이점

● 바람둥이 남자
- 딱성냥과 같다. 아무데나 그어도 불이 붙기 때문에…
- 돼지와 같다. 편식하지 않기 때문에…

● 착실한 남자
- 보통 성냥과 같다. 자기 성냥갑에 그어야만 불이 붙기 때문에…
- 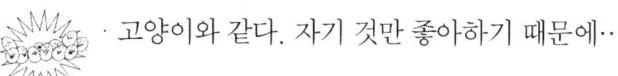고양이와 같다. 자기 것만 좋아하기 때문에…

옛날 팬티와 요즘 팬티의 차이점

● 옛날 여자들의 팬티엔 이렇게 적혀있었다.

· 부끄러워요!

· 밤에 피는 장미!

· 관계자 외 출입금지!

● 요즘 여자들의 팬티엔 이렇게 적혀있다.

· 컴온 베이비!

· 초대합니다!

 · 당신의 능력을 보여주세요!

밝히는 여자가 좋아하는 운동선수 싫어하는 운동선수

● **좋아하는 운동선수**

· 마라톤 선수 : 한 번 뛰었다 하면 2시간 이상은 보장한다. 감동적이다.

· 당구 선수 : 넣는 데는 귀신이다. 놀랍다.

· 체조 선수 : 허리가 유연하고 자세마저 다양하다. 항상 새롭다.

· 농구 선수 : 덩크슛 할 때는 온 몸이 떨린다. 짜릿하다.

· 사격 선수 : 내가 원하는 곳을 정확히 맞춘다. 그래서 흥분된다.

· 권투 선수 : 길게, 짧게, 위로, 아래로… 결국은 다운까지 시킨다. 무아지경이다.

● 싫어하는 운동선수

· 100m 달리기 선수 : 10초도 안돼서 끝낸다. 허무하다.
· 축구 선수 : 90분 동안 문전만 맴돌다 겨우 한두 번 들어온다. 지루하다.
· 골프 선수 : 홀인원도 못하면서 시도는 수없이 해댄다. 감질난다.
· 레슬링 선수 : 상체만 더듬고 허리 아래로는 신경도 안 쓴다. 짜증난다.
 · 유도 선수 : 보기만 하면 자빠뜨리려 한다. 너무 피곤하다.

키스한 후 여자들의 반응 유형

● **호흡곤란형**
숨을 몰아쉬며 몸을 가누지 못한다. 키스를 오래할 때는 코로 숨쉰다는 걸 모르는 모양이다.

● **울보형**
마구 운다. 키스는 곧 순결상실이라고 생각하는 모양이다.

● **방독면형**
손으로 코를 쥔 다음 남자를 편의점에 데리고 가서 칫솔과 치약을 사준다. 그래도 참았으니 가상하다.

● 결벽형

키스를 끝내자마자 화장실로 달려가 양치질을 한다. 방독면형보다 더한 여자다.

● 내숭형

얼굴이 발그레해지면서 수줍은 미소를 짓는다. 남자의 마음을 흔드는 방법을 잘 알고 있는 여자이다.

● 공주형

거울을 꺼내 루즈부터 다시 바른다. '루즈 좀 먹지 말아요!' 하면서…

● 몰라형

내 인생 책임지라며 매달린다. 여태까지 책임질 남자가 없었나 보다.

● 에로형

갑자기 옷을 하나하나 벗는다. 에로영화를 너무 많이 본 모양이다.

● 한번더형

또 하자고 달려든다. 남자의 장래가 걱정된다.

● 이게뭐야형

뭐 이렇게 시시하냐며 다른 거 하자고 덤빈다. 다른 게 뭔지 알 수 없다.

여자들의
연령대별
변화

● 20대

뼈와 살이 타는 밤, 가는 밤이 왜 이리 짧은지… 밤이 스무 시간이었으면 좋겠다!

● 30대

피곤하다더니 오늘도 자정이 넘었는데 깜깜이다… 외식위주, 하늘을 봐야 별을 따지!

● 40대

요즘 힘이 없어 보인다. 힘내라는 진수성찬… 보신시켜놓고 부려먹는 수밖에!

● 50대

늘 망설인다. 이제는 한 달에 한 번… 아, 답답한 50대의 밤이여!

 ● 60대

으잇샤! 으잇샤! 인생은 60부터… 마지막 불씨를 살리자!

남자들의
연령대별
변화

● 10대

경험이 있는 척한다. 영웅심의 발동이다.

● 20대

큰 척한다. 혈기의 발동이다.

● 30대

센 척한다. 지배욕의 발동이다.

● 40대

기술이 좋은 척한다. 오기이다.

● 50대

피곤한척 한다. 직무유기이다.

● 60대

자는 척한다. 책임회피이다.

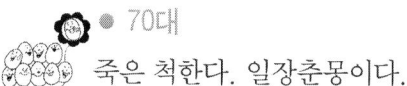
● 70대
죽은 척한다. 일장춘몽이다.

상류층 마님과 서민층 마님의 일기(日記)

● 상류층 마님

오늘은 남편이 일찍 들어왔다. 나에게 보여줄 힘이 있다며 계속 칭얼댄다. 나는 모르는 척 하면서 남편과 함께 침대에 누웠다. 황홀한 시간을 보낸 뒤 남편에게 해구신 먹었냐고 물었더니, 남편은 비아그라 먹었단다. 남편의 힘자랑에 나는 밤새도록 구름 속을 헤맸다.
남편은 좋은 사람이다. 남편은 내일도 일찍 들어올 테니 나보고 골프 치러 가지 말라고 한다.

● 서민층 마님

오늘도 남편은 녹초가 되어 들어왔다. 내가 하늘을 본지 벌써 1년이 다 되어간다. 작년 말복 이후로 남편은 늘 녹초가 되어 들어온다. 내 허벅지에는 피멍이 가시질 않아 이젠 점이 되었다. 남편은 그것도 모르고 TV 홈쇼핑에 비아그라 광고만 나오면 눈이 똥그래진다. 내가 칭얼대면 얼른 일어나 세수를 하고 와서는, 짧은 치마 입은 아가씨만 보면 피로가 가신다고 한다.

 그래서 나도 언젠가 짧은 치마 입고 기다렸다가 세상 하직하는 줄 알았다. 그래도 남편은 좋은 사람이다. 아직까지 나만을 사랑하니까…

관계 후
여자들의
지역별 반응

· 서울여자 : 자기야, 나 어땠어?

· 경상도여자 : 이제 지는 당신꺼라예!

· 전라도여자 : 앞장서! 느그 집 워디여?

· 충청도여자 : 몰러유, 책임져유!

· 강원도여자 : 엊지녁에 지를 쑤석거린 거래요?

껄떡쇠와 엘리베이터 걸과의 대화

- 껄떡쇠 : 오르내리기 피곤하시죠?
- 엘리베이터 걸 : 네.
- 껄떡쇠 : 어느 때가 더 피곤해요, 올라갈 때?
- 엘리베이터 걸 : 아뇨.
- 껄떡쇠 : 그럼 내려올 때?
- 엘리베이터 걸 : 아뇨.
- 껄떡쇠 : 그럼 섰을 때?
- 엘리베이터 걸 : 아뇨.

- 껄떡쇠 : 그럼 언제죠?
- 엘리베이터 걸 : 당신 같은 남자가 말 걸때!

백수와 여자

어떤 백수가 오락실에 가려고 집을 나와 골목길로 접어들었다. 젊은 여자 셋이 담배를 피우며 걸어오고 있었다. 백수는 속으로 '건방진 것들!'하면서 그냥 지나치려 했다. 그런데 여자들이 말을 걸어왔다.

- 여자1 : 야!
- 백수 : 저요?
- 여자1 : 그래, 여기 너 말구 누가 있냐?
- 백수 : 네?
- 여자1 : 얼마 있어?
- 백수 : 없어요.
- 여자2 : 이런 삐리리, 지금 뭐라구 했냐?

· 백수 : 돈 없어요.

그렇게 말하는 백수는 이미 여자들의 카리스마에 완전히 눌려 있었고, 거짓말을 해봤자 돈을 빼앗길 게 뻔하다고 생각여 얼른 말을 바꿨다.

· 백수 : 오천 원 있어요.
· 여자3 : 내놔!

백수는 우거지상을 하면서 돈을 내주었다. 그런데 여자1이 돈을 챙기면서 말했다.

· 여자1 : 야!
· 백수 : 또 뭘 뺏을려구요?
· 여자1 : 일루 가까이 와봐!

그러더니 여자1은 갑자기 블라우스의 단추를 풀었고, 백수는 완전히 쫄 수밖에 없었다. 여자1이 점잖게 말했다.

· 여자1 : 야, 오천 원 어치만 만져!
· 백수 : 네?

- 여자1 : 싫어?… 싫으면 관둬 임마!
- 백수 : 아 아, 아니에요.

그래서 백수는 비몽사몽 간에 여자의 가슴을 마구 만졌다. 그런데 잠시 후 여자1이 말했다.

- 여자1 : 야, 이제 오천 원어치 됐어. 그만 만져 임마!

그러자 백수가 용기를 내어 말했다.

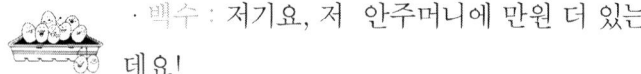 · 백수 : 저기요, 저 안주머니에 만원 더 있는데요!

줄임말 4가지

● '흥부가 자식을 20명이나 낳았다.'를 다섯 글자로 줄이면?
〈흥부 힘 좋다〉

● '공공장소에서 키스하는 연인'을 3글자로 줄이면?
〈부러워!〉

● '낯선 여자에게서 내 남자의 향기를 느꼈다.'를 다섯 글자로 줄이면?
〈혹시 이년이?〉

● '못생긴 여자가 일광욕하는 모습'을 네 글자로 줄이면?

〈호박말림〉

말 되는 말
13가지

● 코끼리는 벌거숭이 남자를 보고 뭐라고 했을까?
　　　　　〈그렇게 작을 걸 가지고 어떻게 숨을 쉬나?〉

● 침대에서 남자가 여자를 껴안으며 '지금 몇 시 몇 분이지?'하고 묻는다면 뭐라고 대답해야 하나?
　　　　　　　　　　　　　　　　〈몹시 흥분!〉

● 여자가 걸어갈 때 엉덩이를 좌우로 심하게 흔드는 이유는?　　　　　〈중심 잡는 추가 없기 때문에〉

● 여자가 가장 좋아하는 남자는 어떤 남자일까?
　　　　　　　　　　　　　〈늘 서 있는 남자〉

● 신혼부부가 가장 좋아하는 자리는?

〈잠자리〉

● 남자가 가장 좋아하는 집은?

〈계집〉

● 세상에서 가장 달콤한 술은?

〈입술〉

● 처녀보다 유부녀를 더 좋아하는 사람은?

〈산부인과 의사〉

● 한 겨울에 미니스커트에 팬티도 입지 않고 다니는 여자는?

〈철없는 여자〉

● 세상에서 가장 야한 닭은?

〈홀닥〉

● 남자 팬티의 순수한 우리말은?

〈고추잠자리〉

● 여자가 타락하는 지름길은?

〈허락〉

● 장 보고 난 후 카바레에서 춤추는 여자는?

〈볼 장 다 본 여자〉

엮은이 한국유머아카데미

좋은 유머는 단지 '웃기는 농담'에 불과한 것이 아니라, 벌과 같이 몸집은 작지만 그 속에 꿀과 침을 동시에 지니고 있는 것이라야 한다. 그것은 고도로 압축되고 개성화된 상황이나 에피그램(epigram) 속에 진실의 비수를 숨기고 있어야 한다. 그래서 좋은 유머는 기발한 반전이나, 부조리나, 어이없음이나, 바보스러움을 통해 우리에게 웃음을 선사하고 스스로는 소멸하여 진실을 부활시킨다.

넘쳐나는 정보의 홍수 속에서 알짜만을 선별하여 그것을 가공하고 사용할 줄 아는 능력은 일종의 파워(power)이며 실력이다. 그리고 그것은 유머의 분야에서도 마찬가지이다. 한국유머아카데미는 앞으로도 계속해서 좋은 유머만을 선별하고 가공하여 세상에 널리 전파하는데 앞장설 것이다.